COLLECTION
Les pieds dans le plat

31, rue de la Ferronnerie 75001 Paris
ISBN 2-84272-010-5

Jean-Pierre Garnier

LA BOURSE OU LA VILLE

COLLECTION
Les pieds dans le plat

PARIS
MÉDITERRANÉE

Du même auteur

Une ville, une révolution, La Havane, Anthropos, 1973.

La Comédie urbaine, en collaboration avec Denis Goldschmidt, Rupture, 1977.

Le Socialisme à visage urbain, en collaboration avec Denis Goldschmidt, Rupture, 1978.

Le Marxisme lénifiant, Le Sycomore, 1979.

La Deuxième Droite, en collaboration avec Louis Janover, Robert Laffont, 1986.

Le Capitalisme high tech, Spartacus, 1988.

La Pensée aveugle, en collaboration avec Louis Janover, Spengler, 1993.

Des barbares dans la cité, Flammarion, 1996.

Assujettir à des formes légales la résistance à la tyrannie est le dernier raffinement de l'oppression.

MAXIMILIEN ROBESPIERRE.

PAVANE POUR UNE CITÉ DÉFUNTE

«Les places financières s'enflamment», titrait *Libération* dans sa rubrique «Économie», alors que l'année 1996 tirait à sa fin[1]. Le titre qui, le même jour, faisait la une du même journal donnait l'impression que «la banlieue», elle aussi, était près de s'enflammer. «Pourquoi la haine monte», pouvait-on lire en gros caractères. Suivaient trois pages de témoignages, commentaires et analyses sur l'inquiétante «surenchère de brutalité et d'incompréhension» qui caractérisent les rapports entre jeunes et policiers dans les cités[2]. Une «tension» à replacer, nous rappelait l'éditorialiste, dans un contexte de «violence généralisée», où les vols avec agression, les viols individuels ou collectifs, les rixes entre bandes sont devenus monnaie courante. Mais alors pourquoi pas, pendant que l'on y était, replacer à son tour ladite violence dans le «contexte» encore plus large, non plus «urbain» et «social», mais économique et mondial décrit quelques pages plus loin?

D'autant que les hasards de la mise en page s'ajoutaient aux coïncidences de l'actualité pour nous inviter à un tel rapprochement. Car, juste à côté du «papier» faisant état de la «pulvérition de tous les records boursiers», figurait une «chronique» où l'on nous dépeignait sous les traits les plus sombres la situation des ghettos noirs américains. Bref, côte à côte, l'envolée vertigineuse des cours à Wall Street et la «terrible descente aux enfers» des quartiers-dépotoirs du paradis de la libre entreprise! Or, tout bien considéré, la flambée des cotations dans les casinos boursiers de la planète n'est peut-être pas totalement étrangère à la montée de la température dans certaines zones urbaines réputées «chaudes», en France ou ailleurs. Mais c'est là une éventualité qui, semble-t-il, échappe à l'esprit sagace des journalistes de *Libé*. À croire que les frontières entre les rubriques sont d'une rare étanchéité.

En tout cas, les explications promises de la montée de l'agressivité entre jeunes et policiers — le titre de la «une» n'était pas interrogatif mais libellé sur le mode affirmatif — ne péchaient pas par excès d'originalité. En dépit ou — comme on le verra par la suite — en raison du concours d'«observateurs» patentés, toujours sollicités en pareille occasion pour placer sous un éclairage «scientifique» le «problème de société» du moment, on ne sortait pas des sentiers rebattus. Comme dans un ballet bien réglé, la répartition des rôles donc des torts entre les protagonistes obéissait aux figures imposées. Du côté flics : interventions «musclées», contrôles au faciès répétés, humiliations verbales et physiques, «bavures», dénis de justice. Du côté voyous : multirécidivisme, harcèlement, provocations, menaces, injures. Avec, en arrière-fond, l'inévitable rappel des «privations» à l'origine des turbulences banlieusardes : «pas de travail, pas de distractions, pas d'avenir». Et pour couronner le tout, plus de «médiations sociales», rendues, il est vrai, de plus en plus vaines par la persistance et l'aggravation de ces carences. Mais la recherche des causes s'arrêtait là. Au-delà du chômage, rappelé pour mémoire, rien d'autre. Comme tout «fléau», celui-ci apparaissait tombé du ciel. Inutile par conséquent de chercher trace, dans ce fatras «explicatif», d'une relation quelconque entre la rage des « casseurs » de certaines zones urbaines et l'euphorie qui, à la même époque, s'était emparée des «opérateurs» sur les marchés. Et pourtant!

A priori, «l'animation du marché des devises» à l'approche de l'instauration de l'Union monétaire européenne n'a rien à voir avec l'agitation croissante des jeunes déshérités de banlieue. Quoi de commun, en effet, entre l'univers feutré où évoluent les «professionnels» qui s'activent en coulisse sur les places financières internationales et les «cités» de la périphérie en proie à la «violence urbaine»? Pas grand-chose, sinon que ces mondes, que l'on dit séparés, n'en font qu'un. Un monde que les investisseurs et les spéculateurs sont en train de refaçonner de telle sorte qu'il n'y a pour ainsi dire plus de place pour tous les «perdants», de plus en plus nombreux, qu'ils contribuent, par leurs petits jeux boursiers entre autres, à mettre purement et simplement hors jeu.

«Bien joué, monsieur Bébéar», titrait justement un éditorialiste du *Monde* saluant, comme il fallait s'y attendre, la naissance d'un « géant financier » qui allait permettre à la France de «jouer dans la cour des grands[3]». Que ce «mastodonte» de l'assurance doive une part de sa bonne santé à l'écrasement des «petits», pris de panique devant la montée irrépressible d'une précarité dont il est l'un des artisans, voilà qui avait échappé à l'attention de la plupart des plumitifs, à l'exception, bien sûr, des journalistes de *L'Humanité* et de *Charlie-Hebdo*. À la différence de son confrère mondain et mondialiste, le directeur de l'hebdo mal-pensant avait consacré son édito à montrer, à travers cet exemple édifiant, comment le malheur des uns fait le bonheur de quelques-uns.

Certes, «catholique pratiquant et patron ouvert au monde» — dixit *Le Monde* —, Claude Bébéar compatit à la misère de ce dernier. N'est-il pas l'un des mécènes de la fondation Agir contre l'exclusion, ce gadget caritatif cher à l'une des dames patronnesses du PS, Martine Aubry? Mais, s'il croit en Dieu, l'homme, toujours selon *Le Monde*, croit aussi au marché. Les esprits simples verront là une incompatibilité. Il n'en est rien. «Assurer, rassurer, c'est la même chose[4]» Côté pile, on spécule sur la frousse et l'angoisse, la peur de la pauvreté, du chômage, de la maladie, de la mort. Côté face, si l'on peut dire, on apaise en bon samaritain les craintes suscitées par un futur que les «caprices du marché» — des titres, de l'automobile, des téléviseurs, des ordinateurs, des C-D Rom ou des cuvettes de W-C..., peu importe! — rendent chaque jour d'autant plus incertain. Car, à chaque fois, c'est le «marché du travail» qui se trouve atteint. «Le monde entier a peur de l'avenir? Que le monde entier confie ses économies à Claude Bébéar[5].»

Quelques jours à peine après l'annonce tonitruante de la fusion d'Axa avec UAP, une autre bonne nouvelle transportait d'aise les analystes et les experts du «monde des affaires» : la reprise, qui faisait suite à quelques autres acquisitions d'envergure, de la plus importante caisse d'épargne du Midwest américain par ABN-Amro, la première banque néerlandaise. «ABN-Amro se bâtit un réseau bancaire à l'échelle de la planète », titrait, toujours triomphalement, *Le Monde* [6]. Sans apparemment faire le lien, là non plus — division en rubriques spécialisées oblige! —, entre ce genre de «coup d'éclat» et les coups tout court, de poing, de cutter, de batte de base-ball, de pistolet ou de fusil à pompe échangés de plus en plus fréquemment ici et là dans les agglomérations urbaines.

Pourtant, le PDG de conglomérat financier hollandais, M. Jan Kaff, avait été très clair en confiant au *Monde* quelques-unes des raisons de ces rachats à répétition. Pour l'Amérique latine, par exemple, mais cela vaut aussi pour d'autres continents, il ne fallait pas rater l'occasion pour les intermédiaires financiers d'engranger les fabuleux profits attendus de «l'énorme programme de privatisations». En Europe, un joint-venture avec Rothschild, qui avait permis à ABN-Amro de se positionner comme chef de file des opérations de privatisations, se révélait déjà des plus juteux. Ce mariage « nous rapportera des dizaines de millions de florins », s'enthousiasmait M. Jan Kaff [7]. Or, chacun a appris, sous le règne du néo-libéralisme triomphant, ce que les privatisations signifient : «compressions d'effectifs», «délocalisations», «cessations d'activité», «rationalisations», «accroissement de la productivité», «flexibilisation», «mobilité»... Autrement dit, pour des milliers de salariés, précarisation, déstabilisation, inquiétude pour l'avenir, chômage, paupérisation, marginalisation, désespérance... Quant à leurs enfants, instruits par le sort ainsi réservé à leurs parents, ils ont le choix entre la résignation et le refus. Si la résignation l'emporte, pisse-copie et politiciens diront que «le calme règne dans les banlieues». Si, au contraire, le refus s'exprime de diverses manières — délinquance, violences et autres «incivilités» — les mêmes affirmeront que «le feu couve» et que «les incendies peuvent se rallumer», les plus alarmistes s'attendant d'un moment à l'autre à un «embrasement généralisé».

«Dans le monde tel qu'il est, depuis le trottoir de nos villes jusqu'au cœur des places boursières, tout proclame la loi du plus fort[8].» Peu importe, en l'occurrence, que l'on doive ce constat d'évidence à un ministre classé à droite désireux de prendre ses marques pour une prochaine course à la présidence. Ce qui compte, c'est que d'un pareil constat, qui devrait faire l'unanimité, on se refuse encore à admettre toutes les implications. «On», c'est-à-dire la Sainte-Alliance de tous ceux, experts ès «problèmes urbains» et autres «professionnels de la ville» en tête, dont les déplorations hypocrites sur l'état du monde dissimulent mal une volonté bien arrêtée de le maintenir en l'état.

En finir avec «le monde tel qu'il est», pour reprendre l'expression euphémisante du ministre de l'Éducation, supposerait que l'on en finisse d'abord avec le capitalisme qui le fait tel. À commencer par ces « places boursières » qui, pour être de plus en plus dématérialisées, pèsent néanmoins d'un poids de plus en plus écrasant sur le sort d'une grande partie de l'humanité. Mais, pour le commun des mortels, le capitalisme est devenu, comme chacun sait, l'horizon indépassable de notre temps. On vient même d'apprendre qu'il le sera aussi pour les temps à venir puisque des firmes multinationales, telles que Walt Disney, Coca-Cola et IBM, ont commencé à lever des emprunts pour cent ans !

Il faudra, cependant, en payer le prix. Sur le «trottoir de nos villes», la «loi du plus fort» est appelée à régner chaque jour davantage, qu'il s'agisse de celle déployée par les «forces de l'ordre» ou de celle imposée par ceux qui ont de moins en moins de raisons de le respecter. On a forgé le terme d'«exclus» pour désigner ces derniers parce qu'on ne savait littéralement plus où les mettre. Sur le plan «théorique», cela ne porte guère à conséquence. Dans le monde intellectuel, un «concept» chasse l'autre. Sur le plan pratique, c'est une autre affaire.

Dans certains espaces urbains, leur présence est déjà considérée comme suspecte, sinon indésirable. Au sein des métropoles du capital et plus encore dans ces «villes globales» nées de la mondialisation de l'économie, place nette a été faite sur les sites choisis pour accueillir les quartiers généraux de la finance internationale, les états-majors des grandes firmes et les «services» afférents. D'autres lieux, après «reconquête» et «réhabilitation», sont affectés à l'hébergement et à la consommation de luxe des «nouveaux professionnels» à hauts revenus que la bulle spéculative, toujours renaissante, a fait proliférer. Grâce aux policiers, aux vigiles et aux miracles de l'électronique, ces quartiers réservés demeurent encore à l'abri d'une intrusion éventuelle des barbares. Mais, jusqu'à quand? Pour le moment, leurs parents, autorisés à y pénétrer pour laver les vitres, nettoyer les bureaux, préparer les repas ou servir les apéros, s'exécutent sans broncher. Qui assure, cependant, que cette pacifique armée des ombres ne sera pas un jour amenée à son tour à se mutiner?

C'est pourquoi les idéologues qui n'ont que «l'urbanité» à la bouche doivent s'attendre, dans les années qui viennent, à rester quelque peu sur leur faim. Il ne restera pas grand-chose du «savoir-vivre ensemble» censé définir cette «urbanité», une fois celle-ci prise en sandwich entre la liberté laissée au capital de «globaliser» la planète à son gré et la sécurité érigée en impératif catégorique pour faire face aux désordres en tout genre qui en résulteront. Autant dire qu'après avoir été le berceau de la civilisation, la ville risque bien, à terme, d'en être le tombeau. Et de disparaître avec elle en tant que Cité. Que cela plaise ou non, la logique des marchés, financiers ou non, qui étend son emprise sur les sociétés contemporaines, est la négation à terme de toute civilisation, «urbaine» ou non.

NOTES

1. *Libération*, 2 décembre 1996.
2. *Ibid.*
3. *Le Monde,* 14 novembre 1996.
4. Philippe Val, *Charlie-Hebdo*, 20 novembre 1996.
5. *Ibid.*
6. *Le Monde*, 24-25 novembre 1996.
7. *Ibid.*
8. François Bayrou, *Le Droit au sens*, Flammarion, 1996.

EN TERRAIN DE MÉCONNAISSANCE

Novembre 1996, Villejuif. La gérante d'un bureau de tabac est tuée d'un coup de fusil à canon scié par un adolescent qui en voulait à la caisse. Deux jours plus tard, parmi les fleurs et les petits messages de solidarité accrochés sur les mailles du rideau de fer abaissé, ces quelques mots griffonnés : «Victime du capitalisme, du chômage et de la misère, des trafics et de l'insécurité.» Une énumération lapidaire mais qui en dit plus, dans son enchaînement, que le tout-venant de la production savante traitant de la «violence urbaine». Villejuif fait partie de ce qui subsiste aujourd'hui de l'ancienne «banlieue rouge», et sans doute doit-on à la présence encore forte du Parti communiste dans la commune cette référence inopinée au «capitalisme» comme source originelle de la «violence urbaine». Car dans les monceaux d'études, de rapports, d'ouvrages ou d'articles réputés «scientifiques» qui s'entassent sur le sujet, le «capitalisme» demeure presque toujours le grand absent.

Tout au plus mettra-t-on en cause, si l'on veut faire preuve d'audace, le «néo-libéralisme». Accusé par la gauche convenable de la plupart des maux qui affectent les couchespopulaires en cette fin de siècle, comment ne pas lui imputer l'essentiel du «malaise des banlieues» où elles sont logées? De fait, privatisations, déréglementations, flexibilité démantèlement de la protection sociale et autres «dérégulations» font planer sur elles l'ombre de la précarité et de la pauvreté. Mais tout se passe comme si le «néo-libéralisme» qui leur porte ainsi ombrage le faisait à la manière d'une branche étrange et monstrueuse, mystérieusement suspendue dans les airs et poussée on ne sait comment. Sans relation aucune, apparemment, avec le tronc dont elle est issue, et que l'on continue plus que jamais à révérer. Quand l'exception vient infirmer la règle, en effet, et que le capitalisme vient tout de même à être nommé, c'est, le plus souvent, sur le mode de la justification naturalisante. Ou, quelquefois, de la dérision contre ceux qui s'en prennent à lui, dernier recours, lorsqu'ils sont à court d'arguties, de pharisiens enfoncés jusqu'au cou dans la dénégation.

La Cité de l'indicible

La multiplication des petits délits pourrait être perçue par un esprit naïf comme l'une des rançons inévitables de la précarisation accrue de l'existence entraînée par la restructuration capitaliste, en particulier pour les jeunes issus des couches populaires. Que nenni! Ce serait là «banaliser» leurs agissements, vous rétorqueront les professionnels du décryptage des faits sociaux. «*A posteriori*, toutes les justifications sont possibles, depuis la société qui "opprime" ou fait preuve de "racisme", jusqu'à l'entreprise qui "exploite"... On s'abrite derrière un système de conventions, une langue de bois, et on feint d'y croire.» L'auteur de ces propos, géographe, passe pour «un de nos meilleurs connaisseurs de la banlieue parisienne». Du moins si l'on en croit l'un de ses confrères qui avait pourtant lui-même longtemps pratiqué cette «langue de bois» lorsqu'il militait au PCF, avant de monter en grade dans la bureaucratie universitaire après avoir renié son passé stalinien. Tout ce petit monde «s'abrite» surtout, aujourd'hui, derrière une confortable police des concepts, oubliant que, sous d'autres cieux ou à d'autres époques, parler d'oppression, de racisme ou d'exploitation valait la mise en détention ou la pure et simple «disparition».

Une fois de plus se vérifie l'adage bourdieusard selon lequel «demander à la sociologie de servir à quelque chose, c'est toujours une manière de lui demander de servir le pouvoir». Le fait que le spécialiste ès banlieues cité plus haut n'appartienne pas à la corporation ne change rien à l'affaire. Il aurait pu être tout aussi bien politiste, juriste, anthropologue ou même philosophe. Pour tenir un discours autorisé sur la « violence urbaine », «l'exclusion», la «politique de la ville» ou toute autre thématique homologuée, il faut d'abord complaire aux autorités. Pour ce faire, la recette est simple, même si liberté est laissée de l'accommoder en l'enrobant d'une sauce «théorique» appropriée. Il suffit de disculper par avance «l'économie de marché» — dénomination euphémisante du capitalisme depuis sa victoire sur l'Empire du Mal — de toute responsabilité majeure dans la précarisation, la paupérisation et la marginalisation de certaines catégories de citadins. Et, par conséquent, dans les excès et les exactions auxquels il leur arrive parfois de se laisser aller.

Si le capitalisme n'est presque jamais mis en cause, ses «mutations», en revanche, sont souvent évoquées et même invoquées à satiété. «Concept-phare» pour tous ceux qui se targuent de baliser l'avenir», ce vocable remplit peu ou prou la fonction d'occultation naguère dévolue à celui de «modernisation». Un terme qui, «postmodernité» aidant, apparaît aujourd'hui à nombre de ses éclaireurs autoproclamés à la fois daté et quelque peu discrédité. À la différence de ce dernier, démonétisé par l'usage technocratique auquel il est en général associé, le mot «mutation», de par ses connotations biologiques, nous fait entrer de plain-pied dans un univers placé sous le signe prometteur d'une science non seulement «dure» — la biologie —, mais pure de toute «idéologie»

Que l'on ne cherche pas, en effet — le «terrain» de la recherche urbaine ne s'y prête d'ailleurs pas —, trace d'intérêts, de visées et de stratégies de groupes particuliers dans la mondialisation des échanges, la restructuration des conglomérats et des firmes, la flexibilisation de la production ou l'explosion des technologies. Mutations nécessaires sinon toujours bénéfiques parmi d'autres, ces évolutions — qualifiées de « révolutions » par ceux qu'elles fascinent — participeraient elles-mêmes d'une seule et même mutation d'ensemble qui les engloberait et les dépasserait : ni plus ni moins celle de «nos» sociétés, de «notre» civilisation et, pourquoi pas, de l'humanité qui, par définition, n'appartient à personne.

Voilà donc une vision du monde, clef d'interprétation en mains, dont l'unanimisme prémunit contre toute tentative de division, donc de politisation. Certes, au détour d'une ligne, on peut laisser entrevoir qu'en s'autorisant des mutations, certains cherchent à «euphémiser les rapports d'exploitation». Il n'empêche qu'elles sont immanquablement présentées comme autant de forces aveugles devant lesquelles il n'y aurait qu'à s'incliner, avec toute la connotation respectueuse et parfois craintive que recèle ce terme. Présentation mystificatrice, bien sûr, revenant à naturaliser un processus historique, mais typique de cette «pensée aveugle», elle-aussi, devenue hégémonique qui a fait du droit à la soumission l'un de ses fleurons[1].

Débordant les limites du domaine qui l'avait vue naître, l'économie, la pensée unique a ainsi envahi maintenant le champ urbain, à l'insu même, le plus souvent, de ceux qui la fustigent sans relâche sur son terrain d'origine. Par-delà la diversité des «écoles de pensée», elle inspire d'innombrables discours aussi convenus qu'interchangeables. Identiques au-delà des variantes et variations destinées à maintenir la fiction d'un «débat pluraliste», ils dispensent de s'intéresser à l'identité de ceux qui les ont prononcés. Aussi avons-nous pris le parti de laisser ces derniers dans un anonymat dont, pour une fois, ils n'auront qu'à se féliciter.

«Le problème d'aujourd'hui n'est pas l'exploitation mais l'exclusion», décrète, par exemple, le pape de la «sociologie de l'intervention». «Les conflits du travail et l'entreprise ont laissé la place à l'exclusion et à la question de la ville », ânonnent deux de ses servants que l'on aurait tort, néanmoins, de prendre pour des enfants de chœur. «Il n'y a plus exploitation. Il n'y a plus domination», renchérit un politiste préposé à l'« évaluation » de la politique de la ville, qui, dans la foulée, précise sa pensée. Encore que le possessif soit de trop puisque c'est, ici encore, de la pensée unique qu'il s'agit.

À entendre notre «évaluateur», «il y a un décrochage de la partie "modernisée" de la société qui s'opère sans utilisation de la partie "inadaptée" ni coercition à son égard». Visiblement, cet expert du «social» n'a guère mis les pieds chez MacDo, si ce n'est pour y avaler à la va-vite un «géant» ou un «cheese burger» aussi indigeste que sa prose. Il devrait savoir — et il le sait d'ailleurs fort bien — que le personnel, employé dans des conditions qui défient le code du travail, est recruté parmi les jeunes gens sans qualification ou les étudiants sans argent. Notre arpenteur de « terrain » n'a guère dû non plus traîner ses guêtres à Disneyland Paris où les «castmembers» chargés d'amuser le public pour un salaire de misère et au prix d'humiliations sans nombre trouveraient plutôt sinistres les guignoleries conceptuelles d'une certaine sociologie. Dans les deux cas, la partie « adaptée » et même «américanisée» de la société ne semble pas en peine pour mettre la «partie inadaptée» à la peine. Et il faut être assurément un «spécialiste» pour ne pas admettre qu'au vu de ce type d'emplois «offerts », un nombre croissant de jeunes collégiens de banlieues ne veuillent plus entendre parler d'«insertion».

Les 13-15 ans sont la génération «la plus difficilement gérable», opine à ce propos un autre sociologue spécialisé en jeunologie.

Pourquoi? Parce qu'elle est «livrée à elle-même, faute de familles qui ne lui donnent plus assez d'encadrement, d'une école qui ne lui offre plus de perspectives et d'un monde du travail qui n'est pas porté à l'accueillir». Encore faudrait-il, pour qu'elle cesse d'être «livrée à elle-même», qu'elle soit délivrée de la tyrannie du marché, tyrannie qui, précisément, est en train de prendre peu à peu dans ses rets tant la famille que l'école. Quant au «monde du travail», il y a belle lurette que le marché y a pris ses aises puisqu'il n'est autre que le monde du capital.

Il faut dire qu'il devient de plus d'en difficile de parler de ce monde sur le mode euphorique. La gloire passagère qu'il avait recouvrée lors de la chute du mur de Berlin s'éloigne inexorablement dans le temps. Malgré le forcing désespéré des vestales du Tout-Paris intellectuel préposées à l'entretien de la flamme «antitotalitaire» pour en perpétuer le souvenir, le socialisme irréel, dont les turpitudes avaient longtemps servi d'utile repoussoir, s'efface peu à peu de la mémoire collective. En revanche, le capitalisme réel et ses ravages évidents sont, eux, chaque jour plus présents. Dès lors, pour qui veut passer pour scientifiquement correct, la ligne de conduite à suivre coule de source : s'étendre sur les seconds tout en ne disant mot du premier. Une stratégie d'évitement et d'occultation que le traitement savant réservé, pour ne pas dire infligé, à la «violence urbaine» contemporaine illustre presque à l'état d'épure.

«Beaucoup d'acteurs collectifs se taisent, regrette le géographe expert ès banlieues déjà cité, comme s'ils étaient coupables de n'avoir pas mesuré l'ampleur de la crise ou comme s'ils étaient paralysés par la puissance des marchés et les enjeux de la mondialisation.» De qui s'agit-il? Des ministres? Des hauts fonctionnaires? Des leaders politiques? Des élus locaux? Des «professionnels de la ville» (techniciens de l'aménagement, agents de développement, chefs de projets...), des travailleurs sociaux, des militants associatifs? Les chercheurs, quant à eux, ne se taisent pas. Ils redoublent au contraire de bavardages. À commencer par l'auteur des supputations mentionnées ci-dessus qui n'a de cesse de répandre la bonne nouvelle.

On peut, paraît-il, «contrer l'accaparement du social par le poids de l'économique» pour peu que l'on «revivifie» d'autres «sphères de la vie humaine», telle que la culture, le politique, l'éthique, l'humanitaire, l'éducatif ou le religieux. Des «sphères» où, effectivement, les problèmes d'intendance qui résultent de l'envahissante présence de la logique du profit ne se posent pas, encore que le culturel ou le scolaire ne soient plus à l'abri de ses incursions, pour ne rien dire de l'éthique qu'elle a souvent mise à mal ces derniers temps. Des sphères, surtout, où l'on ne risque guère de se heurter aux acteurs de cette économie que l'on prétend «contrer».

Cependant, saisi, semble-t-il, par le doute quelque temps plus tard, le promoteur de cette contre-offensive par le «social» sera lui-même amené à entrevoir ce qu'elle peut avoir d'illusoire. «Si l'on élargit le pôle social dans les cités, supposera-t-il, c'est peut-être parce qu'on ne sait pas ou qu'on ne veut pas peser sur les fondements économiques de l'inégalité, sur la préférence monétariste, la répartition du travail, la spéculation immobilière ou l'assiette des charges sociales, par exemple.» C'est là découvrir la lune, même si c'est pour s'empresser ensuite de s'en détourner. Car prétendre «peser» sur toutes ces choses-là, ne serait-ce pas renouer avec un anticapitalisme dépassé?

On comprend, en tout cas, que les chercheurs qui se penchent sur la situation des «quartiers à problèmes» ne se laissent pas impressionner par la puissance des marchés ou les enjeux de la mondialisation. Ils ont tout bonnement décidé de traiter ces réalités par-dessous la jambe, c'est-à-dire par le silence, en faisant comme si elles n'existaient pas. Certes, il leur arrive parfois, encore que le cas soit assez rare, de reconnaître, comme en passant, que «le libéralisme conquérant et l'économie mondialisée s'appuient sans nul doute sur un volant de chômage important, la précarisation du travail, la limitation des salaires et de la protection sociale». Une remarque sensée qui, malheureusement, prélude le plus souvent à des conclusions qui le sont beaucoup moins.

Elles prennent fréquemment la forme de vœux aussi pieux que fumeux du genre : «sans une volonté forte de rupture des décideurs, on voit mal comment les choses pourraient changer à court terme», notamment dans les « quartiers sensibles ». On voit surtout mal de quelle «rupture» il s'agit et à quels «décideurs» on s'en remet pour l'opérer. Rupture avec le capitalisme, promise naguère par les socialistes avant que leur « culture de gouvernement » ne les conduise au «réalisme»? Décideurs politiques, c'est-à-dire hommes (ou femmes) d'État dont on sait pourtant qu'ils n'auraient aucune chance de demeurer au pouvoir ni même d'y accéder si l'envie les prenait de s'opposer sérieusement à la volonté, ô combien forte, des vrais décideurs, à savoir les investisseurs, entrepreneurs et autres managers? N'attendons pas, en tout cas, de la part des chercheurs, des réponses à ce genre de questions. Ils auront vite fait de dénier à celles-ci tout caractère de «questionnement scientifique».

Un danger récurrent guetterait, en effet, le savant : céder à la tentation de «faire de la politique par d'autres moyens». Travers auquel ne céderait pas, bien sûr, la myriade de sociologues, de géographes et de politistes, pour ne citer que ces spécialistes, qui, par leurs études, leurs réflexions et leurs recommandations, concourent à la définition et à la mise en œuvre de la fameuse «politique de la ville». Lancée par la Gauche puis reprise par la Droite, celle-ci échapperait aux clivages idéologiques et partisans. Autrement dit, elle serait apolitique![2] Dès lors, apporter ses lumières théoriques, en tant qu'«expert», aux «décideurs» chargés de son élaboration ou de son application ne serait pas compromettant. En revanche, politique ou, pire, politisée serait une approche qui, partant du constat, avalisé depuis peu comme scientifique — non sans résistance —, selon lequel ladite «politique de la ville» n'est que la désignation euphémisante d'une gestion territoriale de la marginalisation de masse, dévoilerait et dénoncerait la responsabilité du système socio-économique à l'origine de cette marginalisation. Et qui, par là même, prendrait pour cible ceux à qui il profite.

Le souci de ne pas contrevenir à ce qu'il faut bien appeler le «scientifiquement correct» conduit la plupart des chercheurs à carrément faire l'impasse sur les questions sacrilèges. Quelques-uns, cependant, soucieux malgré tout de montrer qu'ils ne sont pas dupes des tabous implicites en vigueur dans la profession, effectueront quelques timides incursions dans le domaine interdit en prenant soin de le fouler sur la pointe des pieds et de ne pas s'engager trop loin. Ce qui donne lieu à un luxe de précautions oratoires et de tournures alambiquées qui signalent que l'on s'avance en terrain miné. «Sans sombrer dans le manichéisme, s'excuse ainsi un politologue, on peut s'interroger sur les conséquences de décisions qui conduisent au chômage de longue durée des centaines de milliers de salariés ou qui maintiennent des jeunes à l'écart de l'emploi.» Une manière subtile de laisser entendre que l'on pourrait aussi s'interroger sur les causes. Néanmoins, à «s'interroger» de la sorte, on risque de s'en prendre aux responsables de cette invalidation massive et ainsi de «sombrer dans le manichéisme». C'est pourquoi, s'«il est possible de remonter la chaîne des causes», on s'arrangera pour s'arrêter là où l'on rencontre les premiers maillons.

Il ne faut pas s'étonner, par conséquent, si «les causes immédiates de la délinquance urbaine sont bien connues». Tout l'effort d'investigation des chercheurs vise précisément à détourner l'attention des causes lointaines. À quoi bon, d'ailleurs, pousser plus loin la curiosité? Mettre à plat tous les mécanismes de «l'exclusion» est une chose, mais «y mettre un terme est évidemment une autre affaire». Et surtout une affaire suffisamment scabreuse pour qu'on la laisse à d'autres. Mieux vaut donc faire comme les collègues et se taire. Quitte à prétendre le contraire. «Il n'est de science que du caché», disait Bachelard. Une phrase que beaucoup se plaisent à citer pour faire croire qu'ils en font leur devise, alors que dans la recherche urbaine comme ailleurs, c'est à qui, sauf exception, montrera le plus d'ingéniosité pour laisser dans l'ombre ce que les dominants n'ont nulle envie de voir dévoilé. «Science du cacher», en vérité!

Ainsi les uns disserteront sur les différentes facettes (psychologiques, culturelles, «ethniques», etc.) de la «misère sociale», sans trop s'attarder sur la misère économique qui l'engendre ou l'aggrave, et encore moins sur les fondements socio-économiques de cette dernière. D'autres, ou les mêmes, invoqueront les «carences éducatives des parents». Comme si, en majorité, les enfants les plus remuants n'appartenaient pas à des familles, souvent monoparentales, vivant dans un tel état de dénuement qu'elles ne peuvent plus être source d'éducation ni même de stabilité. Comme si le «manquement» à la responsabilité parentale ne renvoyait pas lui-même à d'autres manques mettant en cause d'autres gens que les «petites gens».

Pour paraître à la fois plus ouvert et plus profond, on peut aussi délaisser le moralisme en faveur d'explications d'ordre « anthropologique », voire «philosophique». Par exemple, imputer en partie la déviance des jeunes à «la faiblesse des références proposées par des travailleurs sociaux». Quelles références? Celles concoctées pour faire diversion? «Au lieu de bavasser, vous feriez mieux de nous proposer des jobs corrects», rétorquent souvent les «délinquants» aux éducateurs qui leur font la morale. Peine perdue. Sans craindre le ridicule, on ira jusqu'à évoquer «l'insignifiance des modèles d'aventure pour les jeunes». Comme si, faute de les sortir de la «galère», le problème était d'imaginer d'autres façons de les mener en bateau!

On peut de la sorte passer pour un «connaisseur de la banlieue» tout en méconnaissant, sciemment ou non, les raisons profondes qui font d'elle et, plus précisément, de certains de ses territoires, l'épicentre de la «transformation sociale». Une expression fourre-tout dont la connotation optimiste parce que vaguement «progressiste» participe précisément de cette méconnaissance. Car ce qui traverse et travaille ces territoires, ce sont les contradictions d'une société que l'on se garde bien aujourd'hui de songer à réellement transformer.

Un problème peut en cacher un autre

Y a-t-il aujourd'hui un «problème de la violence urbaine»? Malgré les apparences, on peut en douter. Certes, parce qu'elle tend à devenir une constante de la vie quotidienne, il est indéniable que la violence dans les villes contemporaines pose des problèmes : aux victimes, bien sûr, réelles ou potentielles; aux diverses instances chargées de la juguler, ensuite. D'une manière générale, on peut effectivement affirmer qu'elle pose problème. De quel ordre? Un problème d'ordre, précisément. De maintien de l'ordre, pour être précis, non pas seulement au sens étroit, c'est-à-dire policier, du terme, mais au sens large, sociologique si l'on veut, mais surtout politique, dans la mesure où c'est la stabilité de l'ordre social qui est en jeu. Mais tout cela autorise-t-il à parler *d'un* problème ou *du* problème de la violence urbaine en soi?

Répondre par l'affirmative comme le font couramment tous ceux qui ont officiellement voix au chapitre laisse entendre que ledit problème pourrait être résolu dans le cadre de la ville donc de la société telle qu'elle est, capitaliste pour ne pas la nommer. Étant entendu que ladite société, en tant que telle, ne poserait, elle, aucun problème. Or, à l'instar de tout autre «problème de société», la problématisation de la violence urbaine n'aurait-elle pas précisément pour effet, voire pour visée, d'évacuer ce que peut avoir de problématique l'existence même d'une telle société?

Le climat d'insécurité permanente, qu'il s'agisse de la peur de perdre son emploi ou de celle que suscitent ceux qui n'en ont jamais eu, la rivalité exacerbée par la raréfaction des postes de travail disponibles, la méfiance qui en résulte entre les individus, constituent autant de facteurs qui donnent lieu à une sorte de «guerre des nerfs» où chacun devient l'ennemi potentiel de l'autre, faute d'adversaire collectif identifiable et localisable à qui s'en prendre. Une propension que ne peut que renforcer l'incitation émanant des instances les plus officielles, privées ou publiques, à «gagner», c'est-à-dire à se battre, à se défendre, à vaincre, à l'emporter sur l'autre pour survivre. Inutile donc d'attribuer à certains lieux — les «banlieues» — ou à certaines catégories de la population — les «jeunes délinquants», les «mendiants agressifs», les «immigrés clandestins»... — l'origine de la violence. C'est la société elle-même qui sécrète la violence, dès lors que son évolution est soumise à la dynamique d'un système qui, de par sa logique de fonctionnement actuelle, est en passe de «désocialiser» cette société, de faire des individus qui la composent de véritables «a-sociaux».

Quand ils daignent laisser un instant de côté les interprétations diversionnistes dont ils sont coutumiers, les «experts» admettent sans doute que la précarisation, la marginalisation et la paupérisation qui sévissent dans nos sociétés ne sont pas étrangères à l'augmentation et à l'aggravation des violences qui troublent la «paix civile». Certains d'entre eux reconnaissent même que cette détérioration des conditions de vie pour un nombre croissant de gens a quelque chose à voir avec ce qu'il est convenu d'appeler l'«environnement économique». Une expression aux connotations géographiques ou écologiques qui donne à penser qu'il s'agirait là d'un contexte naturel, d'une sorte de fatalité, d'un destin auquel l'humanité ne saurait échapper.

On a rappelé la tendance à attribuer à des «mutations» venues d'on ne sait où l'inexorabilité et l'irréversibilité de processus naturels régis par des lois scientifiquement établies. Pour désigner ces changements, les chercheurs, à l'instar des politiciens, des journalistes et des essayistes à la petite semaine, aiment à parler de «nouvelle donne». Une expression des plus significatives. Aux yeux de tous ceux qui s'accommodent de l'ordre des choses existant, en effet, les jeux sont faits. Seuls les insensés, qualifiés tantôt d'archaïques, tantôt d'idéalistes ou les deux à la fois, imaginent possible une redistribution des cartes. Quant à vouloir contester les règles du jeu, ce serait là folie pure!

«Il est suicidaire d'être “contre” le marché», s'exclame ainsi un sociologue en vue. Non pas qu'il tienne pour négligeables ses «contraintes impitoyables». Il va même jusqu'à imputer l'émergence d'«une nouvelle question sociale» à la précarisation généralisée du travail, «processus central commandé par les nouvelles exigences technologico-économiques de l'évolution du capitalisme moderne». Une fois n'est pas coutume, donc : le capitalisme est ici expressément nommé. Mais pour être aussitôt révéré : ses «exigences» sont des ordres auxquels on ne saurait désobéir.

La logique de l'économie se confond, en effet, avec celle du marché. On peut le regretter, mais le désastre du «socialisme réel» a prouvé l'inanité à vouloir en ignorer les lois. Aussi serait-il «injuste de faire porter toute la responsabilité de la situation à l'entreprise» qui «exprime la logique du marché, de l'économie». Certes, elle «fonctionnne de plus en plus comme une machine à exclure». En son sein, «la course à l'efficacité et à la compétitivité entraîne la déqualification des moins aptes». À l'entrée, l'entreprise «dévalorise une force de travail avant même qu'elle commence à servir», en haussant le niveau des qualifications requises. Mais si elle rend de la sorte «inutiles au monde» des millions d'individus, c'est parce qu'elle remplit son rôle qui est de «bien maîtriser les changements technologiques et de se plier aux exigences nouvelles du marché». C'est pourquoi il serait «naïf de lui faire prendre en charge les risques de fracture sociale qui résultent de son fonctionnement». D'où «l'impasse que constitue le fait de lui faire porter le poids de la résolution de la question sociale actuelle».

On peut donc, en toute tranquillité, pousser l'audace jusqu'à déceler dans l'apparition d'une masse pléthorique de gens en trop «l'ombre portée des restructurations industrielles et de la lutte pour la compétitivité, qui effectivement font de l'ombre à beaucoup de monde». Cette lucidité ou cette franchise ne tirent aucunement à conséquence. Car il est hors de question de faire de l'ombre aux puissants qui «restructurent» pour demeurer compétitifs, qui «dégraissent» pour rester dans la course. L'histoire n'a-t-elle d'ailleurs pas révélé combien ils pouvaient se montrer ombrageux? Au Chili ou en Argentine, par exemple, pour ne citer que des cas encore en mémoire. Toujours est-il que si l'on ne nie plus systématiquement que la «nouvelle question sociale» soit durablement inscrite dans la dynamique même du capitalisme contemporain, on exempte toutefois ce dernier de la prise en charge de ladite question. Selon un partage des tâches qui a maintes fois fait ses preuves, ce sera à l'État de la résoudre. Ou plutôt de la «gérer», puisque ce qui l'a fait naître est désormais considéré comme intouchable.

Rien de bien nouveau sous le soleil du marché, donc. Adepte de la «réconciliation des nécessités de l'économie et des exigences sociales», le grand prêtre de la sociologie «libérale-sociale» ne dit pas autre chose, même s'il le dit autrement. Alors que d'autres rêvent de voir les politiques publiques «circonscrire» la puissance du marché, comme si ce n'était pas l'inverse qui se produisait aujourd'hui, il préconise de «combiner exigences libérales et buts sociaux» en rejetant tout interventionnisme de l'État autre que «social». Sans doute ne formule-t-il pas non plus la «nouvelle question sociale» de la même manière : l'approche en termes d'«exclusion» diffère de celle en termes de «désaffiliation». Mais ces démarches différentes n'empêchent pas de déboucher sur la même réponse : à l'État, une fois de plus, de réparer et, par conséquent, de payer les pots cassés par le capital. Diverger au départ pour se retrouver à l'arrivée, ou le charme discret de la pensée unique.

La nouvelle «nouvelle donne» économique, en tout cas, se révèle un véritable don du ciel. Elle permet d'évacuer par avance toute critique et, à plus forte raison, toute opposition. Car qui dit «donne» dit «données», et qui s'aviserait de s'élever contre elles? Ce serait là se livrer à un pur et simple déni de réalité. «Alors que l'offre d'emploi se raréfie partout, dira-t-on par exemple, il est absurde d'envisager, dans les conditions actuelles, une situation de pleine activité.» Des «conditions actuelles» qui durent depuis plus d'une vingtaine d'années et qui ont toutes les chances de se pérenniser si l'on en croit certaines théorisations en vogue sur «la fin du travail». Colportée par tous ceux qui, à un titre ou à un autre, ont pour tâche de conditionner les esprits à l'acceptation de ce qui est, cette vision réifiée de l'histoire convient parfaitement aux puissants qui, aujourd'hui, ont le pouvoir d'en infléchir le cours. Car «la force des choses» derrière laquelle les uns et les autres s'abritent sert de paravent commode aux forces du marché. Un marché dont les «lois» demeurent plus violentes que jamais, n'en déplaise aux professionnels de l'inculcation payés pour les naturaliser.

Il y a peu encore, Pierre Bourdieu déplorait naïvement que l'on ignore que les mécanismes du marché, hypostasiés dans la théorie néolibérale, «sont tributaires de mécanismes sociaux enracinés dans la violence sociale[3]». Cette ignorance-là, cependant, n'est pas le propre des seuls économistes. Elle est largement partagée par les spécialistes des autres disciplines, notamment par les sociologues qui prétendent avoir leur mot à dire sur «l'exclusion» en général et la «violence urbaine» en particulier. Encore que pour les plus rassis d'entre eux, qui avaient trempé quand ils étaient plus jeunes dans le bain marxiste, le mot «ignorer» soit à prendre au sens le plus volontariste du terme.

Les anciens staliniens et les maoïstes repentis, par exemple, dont certains président aujourd'hui aux destinées de la recherche urbaine, savent parfaitement, même s'il est de leur intérêt de feindre de l'oublier, que les «acteurs sociaux» situés aux échelons inférieurs de la hiérarchie sociale n'acceptent de se plier aux «impératifs du marché» que contraints et forcés. Aux yeux des «travailleurs intellectuels», comme ces chercheurs devenus bureaucrates aimaient à se nommer eux-mêmes lorsqu'ils liaient leur avenir à celui des travailleurs manuels, la violence intrinsèque du capital comme rapport social fut longtemps une évidence. Dans les années 70, alors que la «théorie critique» faisait rage dans les sciences sociales, il arrivait aux conclusions de rapports de recherches financées par l'État d'être rédigées dans le style des tracts gauchistes de l'époque. Ainsi ne se contentait-on pas de qualifier d'«implacable» la logique de fonctionnement qui régissait le «système urbain». Mise au service des «monopoles», via l'intervention de l'«État bourgeois» urbaniste et aménageur, elle aboutissait, en doublant «la dictature de la production d'une dictature de nouveau type dans la sphère de la consommation», à détruire «les bases mêmes de la démocratie libérale-capitaliste dans la ville». Rien de moins!

Faut-il en conclure qu'avec la «restructuration» capitaliste, qui n'en était alors qu'à ses débuts — on parlait alors de «redéploiement» —, ladite dictature aurait pris fin? Elle se serait plutôt appesantie. De nos jours, la violence du capitalisme revêt sans nul doute des aspects nouveaux, encore que nombre d'anciens demeurent, mais ses dévastations n'ont fait que s'amplifier. Si elle a cessé aujourd'hui d'apparaître comme telle à certains chercheurs qui ne voyaient qu'elle hier, c'est que leur nouvelle fonction d'«experts» leur fait adopter le point de vue sans lequel ils ne pourraient bien servir un ordre qui les sert.

Pensée unique, pensée inique

Les «forces du marché» sont d'autant plus fortes que la violence qu'elles exercent est méconnue comme telle. Ne serait-ce qu'en se faisant «reconnaître», c'est-à-dire accepter, voire approuver. Il lui suffit de se présenter, avec le concours zélé des penseurs à gages, sous les apparences de l'universalité. Un pas supplémentaire est franchi dans la méconnaissance lorsque l'on s'attache à convaincre les victimes de cette violence sociale que celle-ci pourrait leur être bénéfique. Et comment ne pas rappeler, à ce propos, à tous ceux qui ont la mémoire courte, la répugnante émission intitulée *Vive la crise!*, coproduite par *Libération*, Antenne 2 et les éditions du Seuil pour célébrer «la grande mutation des années 80»?

Pour justifier leurs retournements de veste, une cohorte bien en cour de rescapés du gauchisme avait pris prétexte de l'approche de l'an 1984 pour faire assaut de pantalonnades «anti-totalitaires». Or, certains membres de la troupe de ce goulag circus n'avaient rien trouvé de mieux, alors que l'année fatidique venait juste de commencer, que de nous bombarder, par écrans de télévison interposés, d'une version new-look de l'avenir radieux, qui, en matière de lavage de cerveau et de bourrage de crâne, laissait loin derrière les propagandistes épuisés de l'Empire du Mal. Téléguidée en sous-main depuis Matignon et l'Élysée par quelques conseillers en «communication» du Prince «socialiste», orchestrée par une clique d'intellectuels, d'essayistes et de journalistes vendus au plus offrant, animée par un chanteur à succès vautré dans son reniement, cette mascarade néo-libérale visait à «expliquer aux Français» les bienfaits à attendre du tournant de la rigueur effectué l'année précédente.

C'est peu dire que l'ineffable Serge July s'était à cette occasion montré égal à lui-même. Il s'était assurément surpassé en taxant de «grande révolution culturelle occidentale» — «symétrique inverse de la GRCP *[sic]* chinoise» — la conversion obligée, sous l'aiguillon de la crise, de ces «sujets passifs» qu'étaient la majorité des Français en «sujets actifs»[4]. Les peuples occidentaux, à le lire, avaient «vécu dans une sorte de ouate sociale». Rien de tel qu'une bonne thérapie de choc monétariste pour les sortir de leur léthargie et «faire des citoyens assistés des citoyens entreprenants». Et d'évoquer sur le mode lyrique le moment où la crise allait «donner à chacun de nous *[re-sic]* le désir de changer de vie, c'est-à-dire dans une même existence changer plusieurs fois de profession, de lieu d'habitation, éventuellement même de pays, de résidence, et par là même de culture, d'amitiés et de partenaires, tout en restant soi-même[5]». Rétrospectivement, cet éloge à peine dissimulé de la mobilité forcée et de la précarisation apparaît aussi comme un plaidoyer *pro domo*. Anticipant sur leur «désir de changer de vie», le patron de *Libé* n'a-t-il pas pris l'habitude de licencier les employés «excédentaires» par vagues successives pour maintenir son journal à flot?

Ce genre de «raisonnement» nous est servi aujourd'hui par les avocats de «la société du temps choisi». Il est toujours facile de cultiver le paradoxe quand on a des fins de mois confortables assurées de surcroît à perpétuité. Un maître des requêtes au Conseil d'État qui se pique d'avoir la fibre «sociale» explique ainsi doctement que «la grande mutation» dans ce monde où des millions de gens largués s'en vont à la dérive est que «chacun est seul maître à bord». Dans le domaine du travail, entre autres, où le «savoir-être» importe désormais autant sinon plus que le «savoir-faire». Car les qualités techniques ne suffisent plus. «On attend des salariés» qu'ils fassent aussi la preuve de leur aptitude à «s'intégrer dans une équipe» et de leurs «capacités d'initiative». Bref, qu'ils s'investissent eux-mêmes pour le plus grand bonheur des investisseurs. Voilà qui réjouirait fort, si pareille littérature leur tombait entre les mains — à moins qu'elle ne leur tombe des mains! —, les gens placés aux leviers de commande des holdings et des firmes transnationales qui font d'eux «les nouveaux maîtres du monde».

Il faut croire néanmoins que ce plaisir inédit d'être «maître à bord» dans l'entreprise est encore largement méconnu, à voir le nombre de gens jetés jour après jour par-dessus le bastingage, c'est-à-dire à la rue, par leurs maîtres véritables que sont plus que jamais les patrons. Pour ne rien dire des jeunes qui, demeurés sur le port, préfèrent mobiliser leurs «qualités relationnelles» et leur «dynamisme» dans l'économie informelle du travail au noir, du vol, du recel ou du trafic de drogue. Des «pratiques intolérables», au dire de certains sociologues assermentés et autres chantres stipendiés de «l'insertion». Sans doute souhaiteraient-ils voir les jeunes désœuvrés se précipiter vers les emplois instables, sans intérêt et au rabais «offerts» par l'économie officielle! Mais on a beau leur seriner que «c'est à cela qu'il faut aujourd'hui nous préparer», comme le préconisent Serge July et ses pareils, la survie au jour le jour et le statut d'intérimaires à vie ne leur apparaissent point comme un idéal d'existence mais bien comme une calamité. «Apprendre à domestiquer "la crise"» en s'adaptant par avance à tous ses aléas, comme le recommandait sans rire l'impayable boss de *Libération*, cela ne revient-il pas, au fond, à se laisser domestiquer par elle? C'est apparemment ce que refusent de comprendre ces larbins diplômés qui voudraient voir les autres leur ressembler.

La floraison de discours à prétention scientifique à propos de la «violence urbaine», de l'«exclusion», de la «fracture sociale» et autres facettes de la «misère du monde» offre une illustration caricaturale de ce que peut produire l'acceptation implicite par les chercheurs de la mission qui est la leur. Produire des connaissances, sans doute, à l'usage des dominants pour leur permettre de continuer à dominer. Mais également, en au moins aussi grand nombre et plus ou moins inconsciemment, des méconnaissances. À l'intention de «l'opinion», d'une part, pour légitimer cette domination, et d'eux-mêmes, d'autre part, pour continuer sans trop de scrupules à y prêter la main. Un mélange des genres éminemment contradictoire qui, parfois, conduit les chercheurs à ne plus savoir quoi penser quand fait irruption un événement inattendu qui les oblige à jouer sur les deux registres à la fois. Plutôt que de se taire, ils préfèrent alors raconter n'importe quoi.

C'est le cas, en particulier, lorsqu'ils se trouvent confrontés aux formes inopinées que revêt parfois la «violence urbaine». Non pas celle inspirée par la révolte, la revendication ou, plus prosaïquement, l'envie de «régler des comptes», le désir de s'approprier le bien d'autrui ou de conquérir ou sauvegarder une part de marché dans le «bizness» de la drogue. La violence qui laisse nos «observateurs» perplexes, c'est celle qui éclate «sans motif». L'absence de but, de projet, d'idéal, bref d'espérance dont elle témoigne les déconcerte. Le plus souvent, ils se bornent à des constats qui tiendront lieu d'explication : «haine destructrice», «rage autodestructrice»... Autant de clichés empruntés à ces journalistes vilipendés dont les chercheurs prétendent se démarquer par ailleurs. La plupart concluront que cette violence est «absurde», moyen pour eux d'exorciser le spectre qui pourrait les hanter s'ils n'adhéraient pas si fortement aux médiocres objectifs qui guident leur pensée et leurs pas dans cette société. Un spectre qui n'est autre que celui de l'absurdité même de ladite société. «À laisser aller comme on va, à laisser faire comme on fait, on ne va pas vers une "solution", on ne fait pas un monde meilleur, on va vers le pire : et puis le pire, c'est que par-dessus ou par-delà toute conjoncture et toute stratégie, toute programmation et toute prévision, on va vers rien[6].» D'où la fuite en avant éperdue de nombre de chercheurs, certains de rencontrer une audience accrue parmi un public de plus en plus déboussolé, dans la «recherche du sens».

En bons intellectuels d'État, des sociologues, des politologues, des géographes et, bien sûr, des philosophes se sont ainsi jetés à corps perdu dans ce travail collectif d'inculcation d'un genre particulier qui consiste à «donner sens» ou, au moins, «du sens» à l'existence... des autres. Une existence où, de plus en plus souvent, la misère, l'injustice, la frustration, le ressentiment et la violence de tous les jours enferment les individus dans leurs peurs et leurs désirs de revanche. Mais pas question de «rapporter mécaniquement» ce vécu aux conditions objectives qui le déterminent. Comme le rappelle une politologue distinguée, «il serait abusif — ou pour le moins réducteur — de ne rendre compte des problèmes de violence dans la ville en ne se référant qu'à la modernisation de l'économie et au chômage qu'elle induit». Ce qui permet de reléguer à l'arrière-plan cette «modernisation de l'économie», autrement dit, traduit du novlang unique, la restructuration du capitalisme et son passage à l'accumulation flexible.

Il ne faut pas s'étonner, dès lors, si la recherche des causes, sous couvert d'«aller au-delà des facteurs conjoncturels habituellement invoqués», vire de plus en plus à la divagation métaphysique. Et cela d'autant plus qu'à s'affirmer peu à peu «structurels», ces «facteurs conjoncturels» se voient *ipso facto* catalogués comme «données» devant lesquelles, on l'a vu, il n'est d'autre choix que de «faire avec». Par contraste avec ce contexte socio-économique où la nécessité fait sentir son règne ingrat, la sphère des «valeurs» ouvre des espaces infinis où l'esprit de recherche peut s'ébattre en toute liberté. Il faut dire que le climat «fin de siècle», avec toutes les déconvenues qui ont jalonné ce dernier, se prête aux vaticinations. Mais la vogue actuelle de la «quête de sens» parmi les chercheurs tient aussi au rôle qui leur est imparti. S'interroger gravement sur les mille et un chemins empruntés par le «devenir urbain de l'être», n'est-ce pas là un moyen idéel et surtout idéal d'esquiver les interrogations gênantes?

L'équivalent des sept tomes du Robert ne pourrait accueillir toutes les sottises proférées depuis le début des années 80 à propos de la «civilisation urbaine» en gestation. Quelques mots sur une certaine philosophie de «l'urbanité» suffiront, dans la mesure où le sérieux avec lequel elle est accueillie confirme pleinement la bouffonnerie du temps présent. Philosophie de pacotille où les truismes alternent avec les contrevérités, qui consiste à dire une chose et son contraire au milieu d'un pêle-mêle de références livresques, pour signifier que le champ urbain tel qu'il se dessine dans le monde présent s'affirme comme un «champ du possible» ouvrant des perspectives innombrables aux citadins du monde qui vient.

Ainsi l'éditorialiste et éditeur de la revue *Urbanisme* nous apprend-il que le «défi urbain» né de «l'urbanisation planétaire en cours» est à la fois «porteur de craintes et d'espérances». La ville n'est-elle pas «le lieu de la liberté mais aussi celui de la noyade»? «Le lieu des possibles mais aussi de tous les dangers»? Ce qui revient à dire que ceux-ci ne sont pas impossibles sans être possibles pour autant! Il faut dire que cet hymne à l'«urbanité», la «citadinité», la «civilité», bref à «l'être-ensemble» dans la ville et par la ville, est, comme cette terminologie conviviale le laisse deviner, placé sous le signe d'un optimisme résolu pour ne pas dire absolu. Quitte à prendre quelques libertés avec la vérité.

Là encore le mot d'ordre pourrait être : «Vive la crise!» Pourquoi, en effet, s'entêter à percevoir les «dysfonctionnements» de la ville comme les symptômes inquiétants d'on ne sait quelle maladie, comme s'y complaisent des esprits chagrins? Mieux vaut les saisir au contraire comme les indices d'une indéniable «bonne santé». Car la «crise» qui les provoque est en elle-même bénéfique : elle est «tout ce qui agite, transforme, rénove, révolutionne le milieu urbain et ses diverses populations». Et comment pourrait-il en être autrement puisque «nous sommes au cœur d'une transition fabuleuse» : «la société rurale n'existe plus», «la société industrielle s'essouffle», «la société urbaine se déploie»... Curieuse façon d'«éviter toutes les simplifications, les lieux communs, les "clichés" habituels dont on affuble généralement l'urbanisation»! Mais, n'est-ce pas là, après tout, la rançon obligée du ralliement à la vulgate des temps postmodernes? Dès lors que l'on fait sienne la croyance médiatiquement répandue selon laquelle la crise «ouvre aux possibles de l'avenir», il est normal que tout le reste soit à l'avenant.

Aux visions d'apocalypse à la *Blade Runner* ou *New York 1997* succèdent donc logiquement les tableaux édifiants. L'exclusion? Elle «surgit» précisément de «tout ce chamboulement, simple "moment" hors jeu qui se déroule au cœur du système et qui le nourrit», expression d'un «déséquilibre» qui doit être pensé comme «la règle». La ségrégation accrue par l'accroissement des inégalités? Approche unilatérale et simpliste. «La réalité urbaine n'est pas binaire ou duale, mais multiple.» La preuve? Changeons d'échelle pour embrasser «le monde des villes». «Qu'un quartier à la périphérie d'une banlieue lyonnaise connaisse une nuit agitée suffit-il à nier l'extraordinaire croissance économique d'une ville du Sud-Est asiatique?» Notre urbanologue aurait-il Séoul en tête? Peu importe que ladite croissance s'effectue, pour les travailleurs des «nouveaux pays industriels», dans des conditions qui n'ont rien à envier, si l'on ose dire, à celles qui prévalaient en Europe lors de la révolution industrielle au siècle dernier. Peu importe également que le boom économique de certains pays réputés pour la «flexibilité» de leur main-d'œuvre ne soit pas sans lien avec le chômage à l'origine de l'agitation observée dans les «quartiers difficiles» en France.

Et que l'on ne vienne pas, si l'on veut à tout prix jeter une ombre sur l'éclosion prometteuse de la «civilisation urbaine», mettre sur le tapis le traitement réservé dans l'Hexagone aux immigrés. «Un siècle d'immigrations continues aux origines variées a façonné la France de telle manière que le racisme et la xénophobie sont nettement moins marqués.» À croire que l'on tient pour négligeables le matraquage des sans-papiers dans les églises, la chasse aux «clandestins» organisée en toute saison, l'ouverture de centres de rétention, parfois clandestins eux aussi, les réexpéditions d'«irréguliers» par charters, les contrôles au faciès des jeunes des «cités»... Bref, ce racisme d'État ajouté aux scores du Front national semble quelque peu contredire les tirades lénifiantes sur «l'hospitalité, la faculté d'accueillir l'autre, de lui faire de la place dans un lieu sécurisant et tolérant», le tout assaisonné de citations philosophiques éthérées totalement déshistoricisées.

Ce n'est pas la première fois que les élucubrations ontologiques servent à évacuer les questionnements politiques. À cet égard, que tel chantre de «l'urbanité» contemporaine ait jugé bon de faire appel au mânes de Martin Heidegger ou d'Ernst Jünger pour nous convier à «fonder un nouvel humanisme, celui de l'être-ensemble», ne devrait pas surprendre. Les dissertations philosophiques de l'un dans l'Allemagne nazifiée et les considérations esthétisantes de l'autre dans la France occupée participent du même état d'esprit, c'est-à-dire de la même indifférence à une réalité dont on se fait le complice inavoué.

Ainsi, méditations d'idéologues, colloques de spécialistes et «rencontres avec le public» se succèdent-ils sans relâche pour retourner, si l'on peut dire, la «question du sens» dans tous les sens, sans relation aucune, sauf sur le mode de la dénégation, avec ce qui se déroule effectivement sur le fameux «terrain». Sous couvert d'«élever le débat», à défaut d'approfondir la réflexion, on finit par perdre de vue le sol de la réalité crue. Ce «terrain» ne servirait-il, au bout du compte, que de simple piste d'envol pour permettre aux penseurs de «la ville» et du «social» de décoller à plein tube?

NOTES

1. Jean-Pierre Garnier, Louis Janover, *La Pensée aveugle. Quand les intellectuels ont des visions*, Spengler, 1995.
2. Jean-Pierre Garnier, «La politique de la ville ou la ville dépolitisée», in *Des barbares dans la cité*, Flammarion, 1996.
3. Pierre Bourdieu, «Contre la pensée "Tietmeyer", un welfare state européen», *Libération*, 25 octobre 1996.
4. Serge July, «Vive la crise!», *Libération* , numéro hors série, février 1984.
5. *Ibid.*
6. Michel Freitag, *Le Naufrage de l'université*, La Découverte, 1995.

LA PETITE MUSIQUE DE «NIQUE»

«Quand j'entends parler de culture, je sors mon revolver.» On pourrait paraphraser, à condition d'en inverser les termes, la célèbre profession de foi du docteur Goebbels, pour résumer la philosophie d'une stratégie qui fait fureur parmi certains préposés à la pacification des «banlieues». «Quand j'entends parler de violence, je sors mon projet culturel de quartier» : telle pourrait être, en effet, la devise d'une pléthore d'«acteurs» de la politique dite de «la ville», persuadés de pouvoir venir à bout des troubles qui agitent les cités grâce aux vertus éminemment apaisantes de l'intervention artistique. Un architecte qui n'a de cesse de jouer les bouffons et les histrions auprès des Princes qu'il «conseille», après les avoir naguère «contestés», ne dit pas autre chose quand il évoque la transfiguration future des quartiers déshérités sous la baguette magique de la culture : «Cette ville-là dirait que la guerre des hommes peut se sublimer dans l'art.»

Point d'honneur et de passage obligé de toute action conséquente «en direction des zones urbaines sensibles», le «culturel» a évidemment dû s'adapter à la détérioration de la situation. Avec la sous-prolétarisation, la paupérisation et une certaine «ethnicisation» des milieux populaires, l'«action culturelle» a changé de sens. Aujourd'hui, elle n'a plus pour fonction d'accompagner, pour la faciliter ou la compléter, la promotion économique et sociale de la population des HLM. La «dimension culturelle» a beau figurer comme une composante importante du «développement social des quartiers» puis du «développement social urbain», on ne parle plus de «développement culturel». Le but dorénavant imparti aux «projets» culturels est de «restaurer la communication sociale» et, par ce biais, de contribuer à enrayer le développement de la violence dans un contexte où le développement du capitalisme ne profite plus d'aucune manière — et c'est une litote — aux couches populaires.

La panoplie classique des activités habituellement «proposées» dans les maisons de jeunes et autres «centres socio-éducatifs» se révèle largement inopérante. Les déprédations et les vols, pour ne rien dire des accrochages avec les «animateurs», ont montré les limites de leur popularité auprès des «intéressés». Le plus souvent, ces derniers ne fréquentent les «mètres carrés institutionnels» que pour venir prendre au chaud un café «gratos» ou y traiter, à l'abri des regards, des «affaires» on ne peut plus louches. «Les jeunes savent bien qu'on n'attrape pas des mouches avec du vinaigre», commentent des éducateurs blasés. D'où l'idée de remplacer celui-ci par le vin de la «création».

Il ne s'agit plus, évidemment, de suivre les traces de quelques pionniers aussi intrépides qu'attardés de la «démocratisation de l'art».

Appliquant les préceptes chers à Jean Vilar et à André Malraux, ils s'étaient échinés avec des déboires divers à faire ingurgiter aux nouveaux barbares les bribes éparses d'une nourriture culturelle destinée à des palais plus civilisés. Au contraire, on s'appuiera sur le «bouillonnement» et la «vitalité» dont témoignent leurs révoltes, sur l'«effervescence» qu'ils entretiennent dans des «quartiers chauds» et la diversité des cultures qui s'y entrechoquent, pour les «impliquer» dans l'essor d'une culture spécifique, «métissée», la leur, qualifiée d'«urbaine» — comme on dit de la politique dont elle participe qu'elle est de la «ville» — pour ne pas la «stigmatiser» une fois de plus avec le label «banlieue». Ainsi les «quartiers» retrouveront-ils ce qui leur manquait pour ne plus être «montrés du doigt» : une «identité positive» et, bien sûr, la «paix civile».

«Les institutions culturelles, remède aux violences urbaines», titrait *Le Monde* à propos d'une réunion consacrée à ce thème par le Forum européen sur la sécurité urbaine, créé en 1987 à l'initiative du «Monsieur Prévention» de l'époque, le maire socialiste d'Épinay-sur-Seine, Gilbert Bonnemaison. En attendant de décrocher un emploi — l'expérience prouve que cela peut prendre du temps, compte tenu de la rareté ou de la médiocrité des jobs auxquels les jeunes peuvent prétendre —, les nouvelles générations se voient ainsi invitées, sous la houlette de quelques missi dominici débarqués de la planère culturelle ou de militants associatifs du cru formés sur le tas, à convertir la dureté de leur condition en source d'inspiration pour la danse, le chant, la musique, la photo, la vidéo, le théâtre.... «Tous créateurs», à défaut d'être travailleurs, voilà donc le cri de ralliement qui doit mobiliser les jeunes dont la «crise du travail» a fait des bons à rien, pour les dissuader de devenir des vauriens. Le hic toutefois est qu'au lieu de mettre de l'huile dans les rouages de la pacification, des «créateurs» s'amusent parfois à en remettre une louche sur le feu mystérieux qui couve dans les banlieues.

Tout commence par des chansons

Dans la chronique — interminable — d'une guérison annoncée du «malaise des banlieues», certains événements font figure d'analyseurs. Analyseurs des leurres sur lesquels reposent tant les diagnostics que les traitements. Analyseurs aussi, par les réactions qu'ils suscitent chez les bien-pensants et les bien-disants de tous horizons, de l'acharnement à maintenir sous le boisseau ce que de tels événements révèlent. «L'affaire NTM» est, à cet égard, exemplaire.

Une affaire à rebondissements. Au début de l'été 1996, ce groupe de rap réputé sulfureux avait été déprogrammé du festival de Châteauvallon pour cause d'atteinte à l'honneur des femmes, des mères et des chrétiens, à en croire le préfet du Var qui avait menacé les organisateurs de retirer la subvention de l'État si le nom du groupe impie n'était pas lui-même retiré de l'affiche. L'affaire fit d'autant plus de bruit dans le landerneau de la gauche et même de la droite «libérale» qu'elle se déroulait près de Toulon, l'un des fiefs récemment conquis par les lepénistes. En novembre de la même année, les deux chanteurs vedettes de NTM furent condamnés, toujours à Toulon, à six mois de prison et à six mois d'interdiction de chanter, pour «outrage» à la police. Ils s'étaient laissé aller à quelques excès verbaux contre les forces de l'ordre, lors d'un concert donné le 14 juillet non loin de là contre la politique obscurantiste et répressive menée par les municipalités du Front national. Cette seconde affaire NTM suscita un véritable tollé dans le petit monde médiatico-politico-pensant.

Avec la gravité de ton qui sied en pareilles occasions, l'éditorialiste de service au *Monde* — car ces deux événements parurent suffisamment importants pour mériter à chaque fois un éditorial — se chargea de donner le *la*. Ce n'était, à vrai dire, guère la peine car, mis à part quelques notes discordantes venues de *Charlie-Hebdo* ou de Radio-Libertaire, on eût attendu en vain un couac dans ce concert de réprobations orchestré à l'avance. Mais le plus significatif fut l'évolution de l'argumentation d'un éditorial à l'autre.

On connaît l'attrait qu'exerce aujourd'hui auprès des couches cultivées le prisme de la «complexité» pour contempler le monde, depuis qu'elles ne se mêlent plus de vouloir le transformer. Cela ne les empêche nullement, cependant, lorsqu'il s'agit de se «positionner» face à des événements jugés «marquants», de raffoler plus que jamais de la version noir et blanc de la lutte des bons contre les méchants. L'éviction du groupe NTM du festival de Châteauvallon offrit l'occasion de ressortir l'un des classiques du manichéisme cher à la gauche bien comme il faut : «l'affrontement des tenants de l'ordre moral et de ceux de la liberté d'expression[1]». Dans le rôle des mauvais : la nouvelle majorité Front national de la municipalité de Toulon, et le préfet du Var, «proche de Charles Pasqua». Autrement dit, des spécimens caricaturaux de ces ultraconservateurs «bêtes et méchants» à qui la gauche officielle doit de ne pas être totalement confondue avec la droite.

L'hydre du fascisme avait donc resurgi. Où allait s'arrêter l'escalade de la censure? Le signataire de l'édito avait quand même tenu à rassurer ses lecteurs en rappelant que Nique ta mère «signifie — en bon français *[sic]* — "va te faire voir"». Sans s'apercevoir que les connotations sexuelles de cette expression bien gauloise ne sont pas spécialement soft elles non plus. L'heure, toutefois, n'était pas à la rigolade. «Mais après NTM?», s'interrogeait, angoissé, le plumitif mondain. «L'art abstrait? Le cinéma marginal? Le théâtre expérimental? Tout ce qui fait évoluer la création artistique et qui est, forcément, en ses débuts, révolutionnaire? Nous voilà au cœur de la question. Le problème n'est pas neuf.» Sauf qu'il s'agit là d'un faux problème. Et l'on ne s'étonnera pas que les faux derches s'en soient alors donnés à cœur joie.

Il y a belle lurette que l'art d'avant-garde, fût-il le plus «révolutionnaire», ne fait plus peur à personne. «En ses débuts», sa muséification n'attend même plus la reconnaissance, puisqu'elle fait partie de sa promotion. La petite-beaubourgeoisie communie avec la grande dans l'admiration des mêmes chefs-d'œuvre «subversifs». On ne compte plus les mécènes, publics ou privés, qui se paient le luxe de financer des «auteurs maudits». Avec les profits matériels (dégrèvements d'impôts) et symboliques (image d'«ouverture», publicité) afférents. Pourfendre bruyamment «l'ordre moral» permet souvent de faire oublier à bon compte l'ordre social que l'on défend. La virulence avec laquelle on s'en prend au premier peut, en effet, fort bien aller de pair avec un attachement non moins résolu à la préservation du second. Sous cet angle, les «défenseurs de la liberté d'expression» et ses ennemis déclarés peuvent appartenir au même camp. Seule diffère la manière de mener le combat : bestiale chez les uns, subtile chez les autres.

Pour faire la nique, si l'on ose dire, aux élus lepénistes de Toulon, le maire «radical» de La Rochelle refusera en juillet 1996 d'obtempérer à la demande d'un conseiller régional du Front national de Poitou-Charentes qui exigeait l'interdiction d'un concert de NTM aux *Francofolies* de juillet. Les rappeurs inconvenants purent donc se produire sans encombre dans la bonne ville de Michel Crépeau. Et cela d'autant plus facilement que ce «tenant de la liberté d'expression» venait simultanément de renouveler et faire appliquer sans barguiner l'arrêté pris l'année précédente interdisant la mendicité et le stationnement prolongé sur les trottoirs. On attend toujours les protestations de la gauche respectueuse. En tout cas, les quelque sept mille jeunes fans de NTM pouvaient bien reprendre en chœur «des mots dérangeants pour les autorités, le doigt levé, la hargne vraie[2]». Le principal était qu'ils ne passent pas à l'acte. Or, les concerts servent aussi à cela.

«La violence était là, le rap est arrivé, il en parle, il la canalise», déclare Akhenaton, chanteur du groupe marseillais IAM. Une interprétation partagée par les promoteurs de la «politique de la ville», pour qui la musique, fût-elle des plus hard, doit plus que jamais adoucir les mœurs. Les chanteurs de rap ne sont d'ailleurs pas dupes du rôle de soupape de sécurité qu'on leur fait jouer. «Nos chansons, ce n'est rien à côté de ce que les jeunes des cités ont dans la tête. Heureusement que les groupes de rap sont là pour exprimer leur désespoir, ou leur haine des flics», rappelait Kool Shen, de NTM. «Nous sommes un exutoire pour des personnes qui ne sont représentées nulle part, précisait son compère Joey Starr. Et si on n'est pas là pour les représenter, ils vont tout casser.»

Les plus futés parmi les dirigeants politiques, anciens «contestataires» pour la plupart, font ainsi le pari que tout finira une fois de plus par des chansons. Ce qu'il est advenu du rock et de la pop music, dont ils furent jadis les fans, ne leur donne-t-il pas *a priori* raison? À Lyon, à peu près à l'époque où NTM connaissait ses premiers démêlés méditerranéens, on s'apprêtait à célébrer la clôture des travaux du G7. Pour mieux y «associer la population», le premier magistrat de la ville, Raymond Barre, avait décidé d'«offrir» un concert «populaire, public et gratuit» (c'est-à-dire payé par les contribuables de la Cité). Le maire fut apparemment bien conseillé pour le choix des deux grosses pointures censées aider à «populariser» la réunion du directoire politique de l'internationale capitaliste. Pas question d'inviter des trublions susceptibles d'inciter les barbares de Vaulx-en-Velin ou de Vénissieux à venir semer la panique en pleine ville. Aussi fit-on appel à deux anticonformistes de tout repos, vétérans passablement amortis de la «rébellion» en musique : Johnny

Hallyday et Bob Dylan. Quelques mois plus tard, Raymond Barre se joindra bruyamment à ceux que comblait d'aise la sanction judiciaire infligée à NTM.

D'autres, comme on l'a vu, préfèrent au contraire encourager les bardes des cités à se déchaîner dans la chanson de geste(s) des «banlieues», en espérant que ce défoulement en rimes et en rythmes dans des enceintes prévues à cet effet dissuadera les jeunes auditeurs d'extérioriser leur «rage» à l'extérieur. Or, n'est-ce pas là jouer aux apprentis sorciers? «Les politiciens, ils font des concerts parce qu'ils veulent calmer les frustrations. Mais la merde qu'on raconte, c'est pas leur problème», rappelait Joey Starr. Le tout est de savoir si, à trop la raconter, alors qu'elle continue de s'accumuler, elle ne finira pas par rejaillir autrement qu'en chansons. Et à éclabousser ceux-là mêmes qui la croyaient canalisée une bonne fois pour toutes dans les «tubes» des groupes de rap ou de reggae. Une éventualité qu'ils ne semblent plus écarter à en juger par le soutien pour le moins mitigé qu'ils ont accordé aux rappeurs de NTM lorsque ceux-ci furent menacés d'être envoyés à l'ombre et de se voir réduits quelques mois au silence. Avec cette seconde «affaire NTM», l'occasion fut donnée de voir la tartufferie «humaniste et libérale» s'étaler au grand jour. Et de découvrir — au moins pour les naïfs — la vraie nature des bienfaits escomptés de la création culturelle dans les cités.

Le soutien sans approbation

Pour définir l'attitude pour le moins ambiguë de la «solidarité» manifestée avec les rappeurs sanctionnés par la justice, une expression vient à l'esprit : «le soutien sans approbation». Elle s'inspire d'une formulation — et d'une formule — qui avait valu à la IIIe et à la IVe République de connaître quelques-uns des moments forts qui accélérèrent leur déclin : «le soutien sans participation». En fins manœuvriers, les députés d'un parti pouvaient appuyer un gouvernement, en votant pour lui ou en s'abstenant de voter contre, mais sans pour autant que leur parti soit représenté en son sein, moyen d'esquiver l'entière responsabilité de la politique menée. Soutenir sans approuver, telle fut en gros, avec des nuances diverses, la ligne de conduite cauteleuse adoptée par les divers porte-parole de la mouvance «progressiste» à l'égard du groupe NTM en novembre 1996.

Le deuxième éditorial du *Monde* synthétisait fort bien la «problématique» à laquelle se trouvent aujourd'hui confrontés les gens «responsables», quelle que soit leur appartenance politique[3]. Contrairement au précédent, il y était moins question de «l'ordre moral» que des désordres «urbains» auxquels une conception rigide de ce dernier pouvait conduire. Cette fois-là, les propos de NTM ne méritaient plus l'indulgence. Des «termes outranciers et critiquables», s'exclamait l'éditorialiste, comme s'il venait d'en découvrir la teneur. «Excès inacceptables et peut-être condamnables», opinait un autre collaborateur du journal. Cela dit, il y a quelque péril à réprimer ces manifestations «culturelles» du désarroi et de la colère des jeunes résidents des «quartiers en difficulté». On risque bel et bien, en effet, de provoquer ce qu'elles ont pour fonction de prévenir : des manifestations tout court dont l'ampleur et la violence prendraient tout le monde au dépourvu. «Ce qui va avoir lieu dans les prochains jours est imprévisible», avertissait notre éditorialiste. Comme on le voit, le ton était franchement alarmiste. Car c'est bien la stabilité de l'ordre social qui était en jeu.

Sans doute ne fallait-il pas écarter d'emblée l'hypothèse optimiste : peut-être les réactions d'indignation des notables de l'antifascisme et de l'antiracisme s'avéreraient n'être qu'un «feu de paille», faute de trouver un écho d'égale intensité parmi les jeunes de «banlieue». Une hypothèse qui se vérifiera d'ailleurs. Les récupérateurs de gauche et d'extrême gauche qui avaient appelé à manifester en furent pour leurs frais. Alors qu'ils rêvaient d'un «tous ensemble», version hip-hop cette fois-là, susceptible d'amener des troupes fraîches et joyeuses vers les urnes en 1998, ils se retrouvèrent tout seuls. Mais, aux yeux du guetteur visiblement affolé du *Monde*, plus probable apparaissait l'éventualité d'un embrasement difficile à maîtriser. Or, qui aurait mis le feu aux poudres, sinon un juge toulonnais — ancien flic des RG, de surcroît — non seulement répressif comme le voulait son métier mais en outre borné, et, au-delà, tous les hommes politiques qui avaient applaudi à ce «jugement dangereux». Dangereux parce qu'il allait «donner l'impression à une jeunesse paumée, angoissée et peut-être en passe de se révolter, d'être incomprise», le tout pouvant déboucher sur «une explosion que personne n'est capable de prévoir». En résumé, si incitation à la violence il y avait, elle venait des partisans avérés de l'ordre eux-mêmes.

Une conclusion que les ministres de la Culture et de la Justice feront vite leur, sans doute cornaqués par le Premier ministre et le président de la République qui n'avaient vraiment pas besoin de l'ouverture d'un nouveau front, beaucoup plus inquiétant, à tout prendre, pour la classe dirigeante, que la coalition de gauche en gestation, ainsi que nous le verrons plus loin. C'est pourquoi Jacques Toubon profitera d'un «face-à-face» télévisé avec les deux chanteurs de NTM pour «improviser» un scoop mûrement réfléchi : la décision de faire appel du «jugement dangereux». Un effet d'annonce, en fait, destiné à éteindre la mèche imprudemment allumée par un subordonné trop zélé.

En attendant, il fallait immédiatement calmer le jeu. Tâche à laquelle s'attelèrent dare-dare une cohorte de politiciens, de journalistes et d'«experts» qui inondèrent les colonnes des journaux et les ondes radiotélévisuelles d'un déluge de commentaires plus ou moins avisés, sorte d'écho sonore et vide aux craquements musicaux de la fameuse «fracture sociale» dont les deux musiciens en cause, amplement interviewés, essayaient vainement de faire comprendre le sens. Trop occupés à fixer les limites à ne pas franchir en matière de liberté de paroles, leurs interlocteurs s'évertuaient, en effet, à séparer le bon grain de l'«expression d'une révolte légitime» de l'ivraie de la provocation pousse-au-crime. En arrière-fond, une interrogation aux prolongements infinis qui pourrait figurer parmi les sujets de dissertation aux prochaines épreuves du bac : la ritualisation esthétique de la violence constitue-t-elle un exutoire ou un encouragement à celle-ci?

Au *Monde*, ce fut le branle-bas général. Outre l'éditorial cité, des tartines d'analyses et de reportages, deux billets de l'humoriste attitré du quotidien, une chronique de la critique télé, une autre encore de l'académicien maison qui n'hésitait pas, comme l'ancien ministre «socialiste» de la Culture convié lui aussi à mettre son grain de sel, à citer Malraux que l'on s'apprêtait alors à réenterrer au Panthéon. Sans compter une tribune ouverte aux lecteurs sous l'égide du «médiateur» réquisitionné pour l'occasion. Et sans oublier non plus la chanson incriminée, *Police*, qui eut droit à une «publication intégrale»... ou presque. Peu habitué aux artifices langagiers des gens de basse extraction, *Le Monde* trouva le moyen d'estropier le texte avec quelques coquilles dont l'une connut un franc succès au-delà du périphérique. Fruit de la hâte d'une presse respectable à s'encanailler pour se mettre au diapason des fureurs banlieusardes, un tonitruant «Eh du con!» avait pris la place de «Éduquons». Ce lapsus populiste confirmait, s'il en était besoin, les limites de la «compréhension» et de la «considération» dont le journal de la France officielle se targue à l'égard d'«une jeunesse paumée». Il est vrai que celle-ci n'eût guère trouvé non plus matière à se ressaisir, si elle avait pris la peine de les lire, dans les communiqués de «soutien» plus ou moins gênés émanant des officines politiques, syndicales ou associatives agréées.

Du message de «solidarité» envoyé par le PS, par exemple, il ressortait que si les «paroles du groupe NTM sont sans doute excessives et maladroites» — Lionel Jospin allant jusqu'à les juger «inacceptables» —, ce serait néanmoins faire le jeu de Le Pen que d'avaliser le jugement, et laisser penser aux jeunes qu'il y avait en matière de justice «deux poids deux mesures». Comme si ce n'était pas là une conviction depuis longtemps partagée par la presque totalité d'entre eux! D'autres personnalités qui, par prudence ou pour des raisons d'«image», ne purent faire moins que venir à la rescousse de NTM assortiront leur engagement aux côtés du groupe de clauses ou de gloses restrictives. Le plus souvent, le peu d'appétence que leur inspiraient le langage cru des rappeurs et surtout le contenu de leurs textes se masquait derrière des considérations prétendûment esthétiques au ton condescendant.

Très curieusement, en effet, des gens qui n'écoutent jamais de rap, trouvant *a priori* cette musique «inaudible», se découvrirent du jour au lendemain une vocation de critiques musicalo-littéraires. «Certes, NTM ce n'est pas Charles Trenet», nous avait déjà fait savoir l'éditorialiste du *Monde*, lors de la première affaire NTM. Il préférait sans doute Carte de Séjour, un groupe de chanteurs beurs, idéologiquement conforme celui-là, qui attendrissait les notables branchés de la gauche caviar dans les années 80 en interprétant une version raï de *Douce France*. En bonne gazette de la satire intitutionnalisée, *Le Canard enchaîné*, jugeant pour sa part «un rien radical et démago» le «staccato anti-policier» de NTM, en conclura que le groupe aurait «dérapé en rappant». Fodé Sylla, patron de SOS-Racisme, confirmera le caractère néo-oncle-tomiste de cette organisation croupion, en signalant qu'il n'était pas «un défenseur acharné du gangsta rap» : «je préfère le rap cool de MC Solar», «je ne me retrouve pas du tout dans les paroles proférées sur scène à La Seyne-sur-Mer», etc. Paroles qui étaient précisément à l'origine de la condamnation de leurs auteurs. Et dont le défaut principal, comme, d'une façon générale, celui de toutes les chansons du rap «radical», est que ceux à qui elles s'adressent, à savoir les dizaines de milliers de jeunes des «cités», s'y reconnaissaient, eux, fort bien. Quitte à chagriner les experts ès «banlieues» selon qui «ces textes donnent des jeunes une image conforme à leur stéréotype». Cette «image de déréliction exotique et sauvage» souffrirait-elle de ne pas être sociologiquement correcte?

Voyeurs et voyants

Au sein d'une corporation qui en compte peu, il existe parmi les chercheurs des humoristes pour continuer à proclamer avec aplomb que les sciences sociales contribuent au «désenchantement du monde». Héritiers présomptifs de l'un des grands ancêtres de la discipline, le sociologue Max Weber, ils en apparaissent surtout comme les héritiers présomptueux. Car, de toute évidence, ils se gardent bien d'appliquer le précepte dont ils se réclament au monde capitaliste.

Poussant encore plus loin le bouchon de l'unanimisme ravi que la majorité de ses confrères, mais, semble-t-il, avec leur caution, un chaman déjà cité entrevoit, au travers de l'urbanisation presque achevée du monde, l'avènement de l'ère d'un *homo urbanus*. Un homme nouveau et d'autant plus intéressant qu'à la différence de l'*homo œconomicus* dont il s'apprête à prendre la relève, il serait apparemment libéré des besoins et des appétits qui avaient jusque-là poussé les hommes à s'entre-dévorer. Seule devrait avoir du prix dans l'avenir pour lui la «pratique de la démocratie», «"preuve" que nous entrons, par des chemins culturels divers, dans une nouvelle civilisation qui transcenderait les oppositions entre "socialisme" et "capitalisme", entre "société post-industrielle" et "société de consommation", entre "pays sous-développés et pays développés", etc.». Et le ou les marchés dans tout cela? Leur toute-puissance actuelle se sera-t-elle évanouie ou, du moins, atténuée, en même temps que le règne de l'économie, dissous lui même dans «l'urbain»? Où cette mouture édulcorée d'une «utopie de la cité» ne serait-elle qu'un énorme rideau de fumée visant à dissuader la majorité des citadins de trop s'intéresser à ce qui la rend irréalisable?

Sélectionné parmi tant d'autres de la même eau, ce morceau de bravoure est typique, dans son excès même, d'une logorrhée lénifiante dont le flot ne cesse de s'enfler au fur et à mesure que se dégrade la «condition urbaine» d'un nombre croissant de gens. Étant donné l'aspect pour le moins irréel de ce concentré d'idéologie consensuelle, on pourrait être tenté d'y voir le soliloque d'un individu vivant, comme on dit, sur une autre planète. Peut-être ces fantasmagories sur l'homme nouveau pourraient-elles intéresser des auteurs ou des réalisateurs de science-fiction soucieux, pour une fois, de rompre avec le pessimisme qui prévaut dans la profession. Ainsi s'amuseraient-ils à imaginer, situées à des années-lumière de notre univers, des cités radieuses sans chômeurs désespérés ni jeunes dépourvus d'avenir ni mendiants interdits de séjour ni sans-abri frigorifiés. Des cités sans injustices ni inégalités, sans haine ni violence, où les citadins ne seraient animés que par le seul désir collectif du «vivre-ensemble», autre tarte à la crème de la pensée unanime. En résumé, des villes que les lois du marché ne transformeraient pas, d'une manière lente et imperceptible mais inexorable, en autant de jungles, fussent-elles «aménagées», «réhabilitées» ou «paysagées».

Mais qui, diable, peut faire sienne cette vision irénique d'une ville terrestre dont les habitants, toutes catégories confondues, seraient susceptibles de devenir les princes conviviaux et bienveillants? Qui, sinon ces rêveurs éveillés que sont devenus bon nombre de chercheurs qui, tels des somnambules, parcourent en aveugles les espaces urbains qu'ils disent bien connaître pour en ramener des contes à dormir debout. Certes, ces fables paraissent enchanter leurs lecteurs ou leurs auditeurs, c'est-à-dire des gens comme eux : commanditaires publics, semi-publics ou privés, éditeurs à la page, collègues, enseignants, étudiants, élus locaux, «acteurs» de premier plan ou seconds couteaux ayant décroché un rôle au Théâtre de la ville... Tous appartiennent à cette nouvelle classe moyenne, médiane et médiatrice, prête à offrir ses services, plus ou moins bons mais toujours loyaux, aux dominants, c'est-à-dire à leur servir d'intermédiaires auprès des dominés.

On a rappelé précédemment comment, dans la majorité des cas, les analystes et observateurs patentés du monde social s'arrangeaient pour escamoter le caractère capitaliste de ce monde. «La vérité n'est pas d'interprétation; elle est d'abord d'écoute et de regard», déclare l'un d'eux. Il suffit pourtant de lire trois lignes de sa prose pour se rendre compte que, comme pour ses collègues, «l'interprétation» constitue le gros de son travail. C'est même elle qui oriente son «regard» et son «écoute». C'est pourquoi lui comme ses confrères ont beau, dans leurs pérégrinations, plisser les yeux ou tendre l'oreille, le capitalisme demeure à leurs yeux véritablement insaisissable. Reste que les faits sont là, «têtus», comme disait l'abominable Lénine. Dès lors, qu'en faire?

On ne peut pas leur faire subir le sort du «capitalisme», qui n'est après tout qu'un concept. Faute de les passer à la trappe, on fera en sorte de les présenter sous un jour moins défavorable que celui qui ressort des articles racoleurs de la presse à sensation ou de l'«errance du raisonnement» d'esprits enclins au pessimisme. Et gare à qui, fût-il un artiste talentueux, comme le réalisateur doué de *La Haine* ou tel chanteur de rap virtuose dans le maniement des mots, s'aviserait de désespérer Beaubourg sinon la banlieue!

Un historien très coté parmi la deuxième droite, dont il est d'ailleurs l'un des mentors attitrés, n'hésite pas à dire leur fait aux insolents qui attachent plus d'intérêt aux éructations à l'emporte-pièce des rappeurs qu'aux analyses mesurées d'«observateurs» à la perspicacité reconnue, notamment dans les cercles où ils ont de l'influence. «Je n'aime pas, mais alors pas du tout, la théorie du miroir ou du thermomètre qui tente d'excuser la violence d'un groupe rap sous prétexte qu'elle ne ferait que refléter la violence des banlieues. Halte à ce sociologisme complaisant qui ne mène nulle part.» Et surtout pas à ces hauts lieux de la sociologie instituée auxquels on ne saurait accéder sans quelque complaisance à l'égard des puissants du moment. Ce à quoi les chanteurs ainsi pris à partie pourraient répondre — et ils le font d'ailleurs par la bouche de Kool Shen dans le magazine où officie leur interpellateur : «Nous, on chante simplement parce qu'on n'a pas envie de se taire. Parce que c'est la merde dans les cités. On n'est pas là pour faire plaisir.» En particulier aux responsables politiques qui ne constituent pas, à la différence de celui des chercheurs, leur public de prédilection. Pourtant, dans leur propre intérêt, les «décideurs» devraient de temps à autre prêter l'oreille à une autre musique que celle distillée par leurs habituels «conseillers».

«Les gouvernants seraient bien avisés d'écouter ce que disent les rappeurs. Moins cher qu'un institut de sondage et tout aussi instructif[4].» Cela vaut aussi, selon nous, pour nombre d'études et de rapports fournis par les sociologues, géographes, politologues et autres spécialistes homologués. «Usure des discours lénifiants face aux propos crus de Kool Shen et Joey Starr qui s'expliquent et expliquent[5].» Usure, aussi, des discours «savants» des préposés à l'explication scientifique. Mais tenir compte des appréciations des rappeurs reviendrait à marcher sur les brisées des chercheurs. Or, ces derniers ne sont-ils pas mieux placés que quiconque pour savoir que penser de la vie de galère que mènent les mauvais sujets dont ils ont fait leur «objet d'étude»? Il serait tout de même paradoxal que la culture légitime dont ils se sentent les dépositaires en vienne à être délégitimée par de vulgaires duettistes de banlieue. Autrement dit, le rap, en tant que «phénomène culturel», est une affaire trop sérieuse pour être laissée aux seuls rappeurs!

Sous couvert de dissiper les préjugés, les clichés et autres «visions réductrices», c'est en fait à une véritable purification du «regard» que procèdent la plupart des chercheurs. Une purification idéologique de part en part. Non contents de rendre invisible le lien entre les turbulences des banlieues et le mouvement actuel du capital, ils vont soumettre ces turbulences à diverses opérations d'occultation qualifiées comme il se doit de «mises en perspective». Pour avoir traité ailleurs de leur inanité, nous ne nous attarderons pas sur deux des plus prisées [6]. D'une part, le relativisme historique : «la violence urbaine est bien moindre aujourd'hui que par le passé», avec, au choix, remontée vers le XIXe siècle, l'Ancien Régime ou même le Moyen Âge. D'autre part, le relativisme géographique : «la France n'est pas les États-Unis», avec néanmoins des considérations plus ou moins assurées sur le degré de la «pente» qui pourrait conduire notre pays à connaître, dans certains territoires urbains, une détérioration «à l'américaine». Le point limite, véritablement minimaliste, de ce double relativisme est le négationnisme pur et simple : attisée par les affabulations médiatiques, la peur des banlieues serait, somme toute, «d'abord la peur que la société éprouve à l'égard d'elle-même».

Crainte à l'égard d'une situation professionnelle fragilisée, inquiétude vis-à-vis d'un monde perçu comme menaçant, incertitude face à un avenir où le pire n'est pas à écarter : au sentiment diffus et généralisé d'insécurité qui en résulte, «les banlieues» fourniraient, pour ceux qui n'y résident pas, un abcès de fixation finalement sécurisant parce que délimité et extérieur. Mais, comme on dit, l'un n'empêche pas l'autre : le danger imaginaire n'exclut pas le danger réel. Et cela d'autant moins que l'un et l'autre concernent des gens différents : les dominés, d'un côté, et les dominants, de l'autre. Comment se fait-il, en effet, que, face à un péril aussi fictif, les «décideurs» continuent néanmoins à empiler sans relâche des «dispositifs» de plus en plus impressionnants et les chercheurs à pondre des kilos de «papiers» de moins en moins consistants?

Signalons quand même que, devant la dégradation évidente de la situation au cours des deux ou trois dernières années, les «experts» les plus réalistes ont dû mettre, à des degrés divers, une sourdine à ces deux types de dénégation... pour se rabattre sur un troisième : la détection des «potentialités» et des «expériences» positives, des «traits d'innovation et d'invention». À charge pour les «acteurs de terrain» d'aider les habitants à faire leur cette vision ainsi «accommodée».

La grande débandade

«Les habitants des îlots sensibles souffrent de l'incapacité des hommes politiques à gérer les représentations qui courent sur les quartiers.» Le verdict est sans appel. Aux yeux du premier expert en «ingénierie sociale» venu, il en va de l'opinion qui prévaut à propos des quartiers «difficiles» comme des «tensions» dont ils sont parcourus et, d'une manière plus générale, de la situation qui y règne effectivement : tout est affaire de «gestion». Gérer une situation, ce n'est évidemment pas y remédier mais empêcher qu'elle ne devienne «explosive». Gérer des «tensions» qui en résultent reviendra dès lors à empêcher qu'elles ne «dégénèrent» en affrontements. Quant à la gestion des représentations, elle consiste à changer le «regard» que les gens portent sur la ville et, par là, à changer l'idée qu'ils se font de leur vie, à défaut de changer l'une et l'autre, comme on y songeait naguère. «On», c'est-à-dire ces mêmes observateurs professionnels qui, après avoir rêvé dans leur jeunesse de «comprendre le monde pour le transformer», en sont aujourd'hui réduits à le transfigurer pour le contempler sans que cela leur donne la nausée.

C'est pourquoi il est urgent, selon eux, de «changer de lunettes». Une expression en vogue qui, dans le langage codé du sociologiquement correct, signifie mettre de nouvelles œillères. On nous le rabâche assez : le malaise des banlieues est pour une large part le produit d'une «construction sociale». Une construction non scientifique, comme il se doit, largement inspirée par des gens qui, pour des raisons plus ou moins inavouables, se refusent à adopter une approche «constructive» des maux dont souffrent nos sociétés. «Pessimisme foncier» des uns, «idéologies partisanes» des autres, «goût morbide ou intéressé pour le sensationnel» de beaucoup, tout se ligue pour répandre et entretenir une vision négative de ces territoires où, pourtant, «l'espoir n'est pas voué à toujours céder le pas devant la désespérance». On l'aura compris, les docteurs Pangloss penchés au chevet des «banlieues» ont fait leur la recette infaillible de leur célèbre collègue, le bon docteur Coué. Revue et corrigée par les spécialistes en communication avec lesquels ils ont d'ailleurs partie liée, elle se résume en trois mots : «Il faut po-si-ti-ver!»

«Les ravages causés par les nominations stigmatisantes et véhiculées par des relais d'opinion peu scrupuleux ou mal informés ne sont plus à prouver», confirme l'un d'eux pour qui la redondance de discours semblables au sien tient apparemment lieu de preuve irréfutable. Car il y a «ravages» et «ravages». *Quid*, par exemple, des ravages sociaux causés par les fusions, acquisitions, prises de participation absorptions et autres OPA, «amicales» ou non mais toujours hostiles, en fin de compte, aux salariés? *Quid* des conséquences désastreuses des restructurations en chaîne, avec «reconfigurations», réductions d'effectifs ou de salaires à la clef, qui déstabilisent, précarisent, paupérisent et marginalisent les familles parquées dans les «cités»? Questions annexes, hors sujet même, pour les singes savants de la recherche urbaine, scrupuleux et informés, par définition. Il est vrai qu'ils sont bien placés, de par la place subalterne qu'ils occupent dans la division capitaliste du travail, pour savoir que la globalisation capitaliste est «ingérable». Du moins par eux. Hors de leur portée, elle doit donc demeurer hors de vue. C'est pourquoi l'ennemi, à leurs yeux, n'est pas tant la misère, et encore moins ceux qui en sont à l'origine, que le misérabilisme.

Foin, donc, des «sempiternelles lamentations» sur le sort des cités défavorisées et des «épithètes dévalorisantes» qui leur sont accolées. «À force de répétition, les habitants des quartiers sensibles s'approprient le regard que l'on porte sur eux.» Car, pas plus qu'ils ne sauraient penser par eux-mêmes, les yeux avec lesquels ils considèrent leur environnement quotidien ne sauraient être les leurs. Aussi est-il temps de corriger leur vue car «les représentations négatives ont une inertie insoupçonnée et limitent la portée des efforts de requalification». Pour être implicite, la consigne est claire : blac-out sur la disqualification réelle de millions d'individus mis hors jeu parce que le capital n'a plus besoin d'eux. Des «éclairages» appropriés doivent au contraire leur être proposés pour les aider à envisager leur condition de parias de la ville sous un jour nouveau. Pour ce faire, une foule d'«intervenants» issus des filières «sociales» de l'université sont tout disposés à apporter leurs lumières. Ils le seront d'autant plus que c'est précisément pour cela qu'ils sont rétribués.

Répétant ce que leur auront raconté leurs enseignants, ils apprendront par exemple aux laissés-pour-compte de la «modernisation de l'économie» à délaisser le mot «ghetto» pour parler des lieux de relégation où ils végètent. Du haut de leurs chaires, des professeurs respectés n'ont-ils pas jugé ce terme «inapproprié», voire «exgagéré», même employé de manière métaphorique? Et de dévider la liste bien connue des traits distinctifs — et rassurants — qui prouvent que l'Amérique, c'est encore loin : taux de chômage dans les «quartiers sensibles» très supérieurs à la moyenne nationale mais très inférieur à ceux enregistrés à South Central à Los Angeles ou dans South

Bronx à New York; diversité raciale et culturelle contrastant avec l'homogénéité des populations noires ou latinos dans les bas-fonds de Washington ou de Chicago; présence encore forte des services de l'État, inexistants — police mise à part — outre-Atlantique; assez bon état du bâti, amélioré de surcroît par les «réhabilitations» récentes, alors que le délabrement frise la ruine dans certaines «zones» aux États-Unis; pénétration encore limitée de la drogue et apparition rarissime des armes, absence de véritables gangs comme le prouve le caractère exceptionnel des règlements de comptes meurtriers, etc.

Comment dès lors expliquer, sinon par l'influence maléfique des «médias», la propension des jeunes des «cités» françaises à s'identifier à ceux des ghettos nord-américains aperçus sur les écrans? Tout bien considéré, cependant, le «mimétisme» primaire qu'on leur impute n'est pas sans fondement. Quoi qu'en disent certains spécialistes qui tiennent pour secondaires les «invariants» consécutifs à la «mondialisation de l'économie» (chômage, pauvreté, ségrégation, marginalisation, lutte pour la survie...), sous prétexte que la puissance publique, en France, n'aurait pas totalement démissionné, la jeunesse des enclaves paupérisées de l'Hexagone aurait plutôt de bonnes raisons de trouver quelques similitudes de conditions matérielles, quelques analogies culturelles avec les «losers» des quartiers ghettoïsés de l'Amérique qui gagne.

Nos chercheurs voudraient-ils que les ados et les gamins de la Grande Borne ou de la Dame Blanche se sentent plus proches de leurs compatriotes des «beaux quartiers» de Neuilly ou des «résidences» de Saint-Germain-en-Laye?

Qu'ils se reconnaissent des affinités avec les looks soignés, les comportements distingués et les modes de vie confortables de fils et de filles de famille qui, pour être spatialement proches d'eux, vivent néanmoins à mille lieues des «banlieues»?

Sans doute est-ce parce qu'elle dégoûte également les fines gueules de la nouvelle cuisine sociologique que l'expression de «cités pourries» est rejetée elle aussi comme «cliché». Pourtant, quand on a construit des HLM, c'était bien dans l'intention expresse d'y loger des familles aux «revenus modestes». Or, même si durant les années fastes de la croissance, beaucoup de nouveaux locataires ont perçu leur enménagement comme une promotion, il a suffi que leur situation se dégrade pour que change leur regard sur leur environnement, sans que l'on puisse imputer cette perception nouvelle aux «médias». Ceux-ci n'ont fait que l'enregistrer, avec les «grossissements» et les «généralisations» d'usage, bien sûr. Mais ils ne faisaient qu'anticiper la déshérence bien réelle qui allait suivre au cours des années de «crise».

Sous l'œil sourcilleux des gardiens du temple de la scientificité et de la marchandise réunies, la division entre riches et pauvres «comble la naïveté réflexive des enfants», paraît-il, mais ne saurait en aucun cas résister à «l'épreuve des faits». N'en déplaise toutefois à ces savants repus, petits vieux avant l'âge, les gens qui vivent en HLM sont bien payés — c'est-à-dire de plus en plus mal — pour savoir qu'on les a mis là parce qu'ils ne sont pas riches et que l'on ne voulait pas d'eux ailleurs. Et la présence éventuelle d'une poignée de «cadres» — généralement subalternes plutôt que supérieurs — qui n'ont pas encore réussi à déguerpir ne les en console nullement. L'élément nouveau aujourd'hui est que la majorité des locataires du «logement social» savent qu'ils seront de plus en plus pauvres, et que leurs enfants risquent de l'être encore plus qu'eux. Or, ce qui commence à inquiéter les nantis, c'est que ces derniers n'ont aucune envie de connaître le sort de leurs parents.

En plein trip démagogique, Éric Raoult avait «suggéré» aux rappeurs de NTM d'aller «niquer le chômage, le racisme et le sida», plutôt que la police. «Pour le chômage, c'est plutôt son boulot à lui, non?», avait ironiquement rétorqué Kool Shen. Chacun sait qu'à l'instar de ses prédécesseurs, le sous-ministre de «la Ville» ne pouvait offrir pour toute perspective aux jeunes les moins qualifiés que des stages et des formations bidon, des emplois précaires payés au lance-pierre, des promesses d'embauche dans d'improbables zones de franche rigolade ou dans la néo-domesticité des «activités de proximité». Bref autant de façons d'entuber la nouvelle génération des sous-prolétaires.

Pour «niquer le chômage», il faudrait commencer par «niquer» les firmes et les conglomérats, c'est-à-dire leurs PDG, leurs administrateurs, leurs managers, leurs financiers et toute cette ribambelle d'«opérateurs» qui dansent la sarabande autour des incontournables «marchés». Bref, affronter les nouveaux maîtres du monde qui, eux, «niquent» effectivement la terre entière. Tantôt par-devant, c'est-à-dire en ne prenant pas de gants, mais le plus souvent par-derrière, c'est-à-dire en s'abritant derrière le voile des «impératifs de compétitivité» et de la «contrainte extérieure». Or, nul n'ignore que, parmi le personnel politique, c'est à qui se déculottera avec le plus d'empressement devant eux, toutes tendances et tous sexes confondus.

NOTES

1. «Ordre moral», *Le Monde*, 9-10 juin 1996.
2. *Le Monde*, 17 juillet 1996.
3. «Un jugement dangereux», *Le Monde*, 17-18 novembre 1996.
4. S. Bouchet-Petersen, J.-P. Masdoua, «Le rap décape, la France dérape», *Le Monde* 5 décembre 1996.
5. *Ibid*.
6. «Pleins feux sur les banlieues», in *Des barbares dans la cité, op. cit.*

CITOYEN, ES-TU LÀ ?

«Que peut signifier le civisme pour le jeune habitant d'une banlieue sinistrée, membre d'une famille défaite, ayant poussé comme une plante sauvage entre des policiers, des dealers et des éducateurs sociaux?» «Absolument rien», a-t-on envie de répondre à ce journaliste du *Monde* qui se posait, le plus sérieusement du monde, comme on s'en doute, cette question pour le moins saugrenue. Celle-ci ne recèle-t-elle pas d'ailleurs la réponse? Sous une forme plus abstraite, comme l'exige la fonction de fabricant d'«élites» et non plus de simple faiseur d'opinion, un enseignant-chercheur de Sciences-Po se livre, sans rire lui non plus, à la même interrogation farfelue. «Comment rend-on compatibles la marginalisation sociale et le maintien d'une participation à la communauté politique?» À vrai dire, ce genre de questions ne mériterait pas de retenir l'attention si une véritable ligue d'occultistes de toutes obédiences ne s'évertuait, à intervalles répétés, à lui trouver quelque pertinence.

«Citoyen, es-tu là?» Point n'est besoin, pour celui-ci, de se manifester. «Présent!», répondent-ils à sa place d'une seule voix de ventriloques. Faire tourner les tables des séminaires, des colloques et autres réunions de sociétés savantes, avec l'espoir de voir «le citoyen» donner signe de vie dans les «quartiers difficiles», compte aujourd'hui parmi les passe-temps favoris des idéologues de la gauche recentrée. Jeté aux poubelles de l'Histoire à l'époque où ils jugeaient que seule la lutte de classes donnait à celle-ci un sens, «le citoyen» a opéré grâce à eux un come-back véritablement époustouflant. Non pas tant sur la scène politique traditionnelle, quelque peu désertée en attendant réfection, qu'en d'autres «lieux» plus improbables les uns que les autres, tels l'entreprise, l'Europe, l'«environnement» ou même... la planète.

Néanmoins, de tous ces espaces où le «citoyen» est appelé à faire sa réapparition, c'est «la ville» qui est assurément le plus prisé. Et plus particulièrement, aujourd'hui, des endroits où on s'attendrait *a priori* le moins à le trouver. À savoir les réserves urbaines où sont parqués les détenteurs précaires d'emplois au rabais requis par l'accumulation «flexible», ainsi que les «inemployables» dont on assure la survie à coups de «prestations sociales» pour les dissuader de se révolter. Pourtant, chercheurs et «décideurs» sont bien d'accord sur ce point — et ils le sont d'autant plus que les seconds emploient précisément les premiers à cet effet: c'est sur les murs des «cités», au dire d'un rédacteur en chef de la revue *Esprit*, qu'il conviendrait en priorité de «chercher à dessiner le visage de la citoyenneté urbaine du XXIe siècle». D'où ces tags et ces graffitis de lettrés que sont les innombrables gloses qui lui sont consacrées. Que cette sorcellerie incantatoire n'ait pas jusqu'ici donné les résultats escomptés ne devrait guère surprendre. Comment «le citoyen» des zones de relégation pourrait-il se reconnaître dans les caricatures ainsi esquissées? Ne sont-elles pas avant tout, à l'instar des inscriptions énigmatiques reprochées aux «vandales», l'expression de l'ego de ceux qui les ont dessinées ?

Les globe-trotters de la citoyenneté

À l'instar des 4x4 ou d'un certain modèle de vélo — le VTT — conçu pour rouler par monts et par vaux, la «citoyenneté» est un concept «tout terrain». C'est pourquoi on la retrouve partout. Or, qui dit terrain dit échelle. On peut être citoyen de son quartier ou de sa commune, comme on peut être citoyen européen ou mondial. Sans oublier, bien sûr, le citoyen national, encore que son identité, de plus en plus brouillée par la crise que traversent conjointement l'État et la nation, n'en finisse pas d'être redéfinie.

Bien que notre propos nous porte à essayer de dénicher la présence de cet ectoplasme avant tout «au niveau local», comme on dit, quelques mots préalables sur ce qu'il advient de lui «au niveau mondial» ne seront pas superflus. D'abord parce que la «globalisation» nous oblige à ne pas faire l'impasse sur cette dimension. Ensuite, parce que les mêmes qui s'enferment dans un localisme borné pour guetter l'apparition d'une «nouvelle citoyenneté» dans certains coins de banlieue peu gâtés par le sort sont les premiers, dès que l'occasion se présente, à oublier les préoccupations terre à terre de leurs habitants, pour s'envoler vers les hauteurs et survoler la planète, aux sens propre et figuré. Et rêver, avec l'aide de quelques penseurs de haute volée, non plus de refaire le monde — d'autres, assurément mieux placés, s'en chargent à leur place sans leur demander leur avis — mais de «faire du monde une Cité». Et de chacun un «citoyen du monde».

Contrairement aux apparences, en effet, la «cosmopolitique» n'est pas l'affaire des seuls hommes d'État, diplomates, hauts fonctionnaires et autres «experts» internationaux. «Chaque individu, surtout s'il se pense, s'il se veut citoyen, a son rôle, ne serait-ce que par une écoute attentive et engagée de ce qui se passe.» Venant d'un géographe qui, dans les années 70, dénonçait dans la revue *Espaces Temps* qu'il animait «l'impérialisme mondial» sur la destinée des peuples, cette vision quelque peu démagogique de l'accession à la citoyenneté planétaire ne manque pas de sel. «Le monde appartient à celui qui l'écoute», pouvait-on lire sur les affiches apposées, fin 1996, dans les stations de métro pour inciter les usagers à écouter France-Culture.

Passés du marxisme lénifiant au post-marxisme pontifiant, certains «métathéoriciens», qui ne doutent vraiment de rien et surtout pas d'eux-mêmes, prétendent ainsi élargir la «dimension» citoyenne aux limites du globe. Comme si la citoyenneté, devenue largement fictive pour le plus grand nombre dans le cadre national, allait par miracle recouvrer quelque réalité en atteignant l'universel! Pour hisser le «citoyen» à la hauteur des enjeux de la mondialisation capitaliste, certains proposent de réfléchir sur ce que serait une «cosmo-citoyenneté», hypothèse hardie mais rendue plausible par l'essor des nouvelles technologies de la communication. Habitués à coupler la fréquentation des congrès, colloques et séminaires organisés à l'étranger avec le branchement de leur Mac ou de leur PC sur les réseaux informatiques et les banques de données, ils ont fini par se persuader de l'avènement imminent d'une citoyenneté sans frontières. De l'Internationale à Internet, en quelque sorte!

Dans la même veine ethnocentriste, d'autres membres de la jet-set intellectuelle — notion «très datée», à les entendre, puisqu'ils en font désormais partie —, revenus eux aussi de leurs anciennes errances marxisantes, projettent la vision qu'ils ont d'eux-mêmes sur la terre entière pour voir se profiler à l'horizon de l'an 2000 un «citoyen» du monde à leur image. Celle du petit-bourgeois «cosmopolite» papillonnant sur la scène internationale à côté des grands et, pour les plus chanceux, à leurs côtés.

Les «opérateurs économiques», en effet, sont «loin d'être les seuls acteurs», contrairement aux allégations d'une «vulgate manichéenne» qui cherche à les diaboliser en faisant d'eux les nouveaux «maîtres du monde». À l'internationalisation de la finance, de l'industrie et du commerce, s'ajoute et se mêle souvent celle de la science, de l'art, de l'information, de la mode et des variétés. D'où la «présence de plus en plus massive», dans le théâtre du monde, d'acteurs «ni tout-puissants ni impuissants» : «artistes, chercheurs, universitaires, journalistes et "stylistes" de tous ordres». Comme les PDG, les managers, les cadres des firmes transnationales, «ils ont fait de la mondialisation, révèle le géographe cité plus haut, une pratique et une idéologie professionnelles qui retentissent sur leur vie personnelle». Et sur leur activité littéraire, en ce qui concerne l'auteur de ces lignes, si l'on en juge par ce prêt-à-penser mondialiste dont il n'est, tout bien pesé, qu'un «styliste» parmi d'autres.

Rebadigeonné aux couleurs de la «globalisation», ce néo-cosmopolitisme culmine en apothéose puisque les «valeurs de plus en plus légitimes» [sic] qu'il incarne seraient, toujours selon notre géographe, «les vecteurs de la réconciliation partielle entre deux groupes sociaux autrefois fortement opposés, la bourgeoisie d'argent et les intellectuels». D'adversaires séculaires, l'internationale du capital et celle des «capitalistes du savoir» seraient ainsi en passe de devenir des partenaires. La collaboration de classes à l'échelle planétaire, en somme !

Tout irait donc pour le mieux dans le meilleur des mondes capitalistes si des notes discordantes, venues d'en bas, c'est-à-dire du «local», ne venaient perturber ces aimables retrouvailles au sommet. Pour «cosmopolitaine» qu'elle se veuille, en effet, cette élite de citoyens unis par le «niveau d'excellence» de sa culture, la «similarité de son mode de vie»... et sa «pratique de l'anglais» ne navigue pas dans le ciel des idées pures. Pour prendre corps, l'urbanité de la «classe des mondialisés» doit s'appuyer sur un «réseau de territoires citadins», un «archipel» de lieux également «d'excellence» (villes universitaires, technopôles, centres historiques revalorisés, cités anciennes restaurées, quartiers populaires «reconquis», etc.), interconnectés par les moyens de communication les plus performants. Or, si ledit archipel n'a rien à voir, on le devine, avec celui du Goulag, il a l'inconvénient de ne pas être ~~être~~ entouré d'eau mais par un «environnement urbain» qui tend par endroits à sérieusement se dégrader, sur les plans physique et surtout social.

Malgré le luxe de précautions prises pour séparer beaux quartiers et bas quartiers, il serait illusoire d'espérer que les premiers soient indéfiniment épargnés par les turbulences dont les seconds sont la proie. D'autant qu'entre les uns et les autres s'étendent de vastes étendues urbanisées aux contours aussi indécis que sont indéfinissables les intentions de leurs résidents. Certes, l'ordre règne aujourd'hui dans ces zones tampons, mais qui peut être sûr qu'il en ira de même demain ? C'est pourquoi, après s'être laissé bercer quelque temps par la musique céleste des hautes sphères de la mondialité citoyenne, il faut bien revenir sur terre. C'est-à-dire aux «cités». Et se remettre à l'ouvrage pour concocter à l'intention des barbares qu'elles abritent un modèle de «citoyenneté» *ad hoc* apte à les ramener à plus de civilité.

Des citoyens au-dessus de tout soupçon

Dans cette société sans projet, la démocratie représentative fait de moins en moins recette. Si elle réjouit les partisans du *statu quo*, la succession monotone d'«alternances» sans alternatives mine peu à peu la vie politique du pays : les partis sont largement discrédités, le scepticisme gagne les électeurs, le sens civique tend à perdre toute signification. Inquiets de la déliquescence de plus en plus prononcée de la relation entre les gouvernés et les gouvernants censés les représenter, certains politiciens entrevoient avec horreur le moment où la fameuse «fracture sociale» débouchera sur une «fracture civique». D'où ces appels réitérés et désespérés à la fondation d'une «nouvelle citoyenneté».

Pas question, en effet, de s'en prendre au mouvement de fond du capital dont la «fracture sociale» n'est, pour ainsi dire, que l'effet de surface inévitable. Prenant acte, au contraire, du déclin irrémédiable, selon eux, du travail comme «grand intégrateur», et cela d'autant plus facilement qu'ils n'ont jamais raté une occasion d'applaudir aux «modernisations» et aux «restructurations» qui ont déqualifié des millions d'emplois et disqualifié ceux qui pouvaient les occuper, les ténors les plus en vue de la scène médiatico-pensante proposent de «refonder le pacte social sur la citoyenneté». Autant dire sur du vent. Car sur quoi fonder la citoyenneté elle-même?

En conclusion d'un ouvrage traitant de «la peur des banlieues», le politologue cité au début de ce chapitre terminait sur une interrogation inquiète qui reflète peut-être la vraie crainte que ces faubourgs d'un nouveau genre inspirent aux élites dirigeantes, par ailleurs imperméables aux images d'apocalypse imminente auxquelles leur évocation est d'ordinaire associée. «Et alors que devient la communauté des citoyens quand s'accroît l'inégalité des statuts dans une indifférence inquiète?» Une fois encore, la question appelle la réponse. En tant que réalité, cette communauté postulée apparaîtra plus irréelle que jamais. En tant que fiction — et c'est le plus grave —, elle risque d'apparaître pour ce qu'elle est.

C'est pourtant sur elle qu'il faudrait désormais compter, si l'on en croit les grands prêtres d'une «démocratie réinventée», pour pallier la «défaillance définitive de la relation salariale». «Alors que la crise de l'emploi pénalise la reconnaissance d'un grand nombre d'individus, écrit l'un d'eux, la citoyenneté doit devenir la condition d'une reconnaissance sociale.» Facile à dire! Encore faudrait-il que ladite «citoyenneté» soit autre chose que l'un de ces concepts polysémiques sur lesquels des têtes pensantes pensionnées par l'État peuvent disserter à loisir, mais qui apparaît comme un mot creux à tous ceux que les «mutations» du monde capitaliste ont rendus inutiles à la perpétuation de ce monde.

La «citoyenneté» est devenue une notion à tout faire. À faire silence, surtout, sur les raisons qui empêchent, précisément, les hommes de devenir des «citoyens libres et égaux» autrement qu'en droit. Quant à l'affirmation d'une «citoyenneté économique» et d'une «citoyenneté sociale» qui viendraient compléter ou même parachever une citoyenneté politique quelque peu abstraite, elle apparaît surréaliste au moment où l'État déclare forfait devant les pressions de l'économie capitaliste mondialisée tandis que se poursuit le démantèlement des «conquêtes sociales» que l'on avait un peu trop vite prises pour des droits définitivement «acquis». Si complément et parachèvement il y a, c'est celui de la régression sociale qu'entraîne, pour la majorité des «citoyens» français et leurs voisins, l'irrésistible progression d'une unification européenne placée sous le signe du «tout-marché».

Ce ne sont pas seulement les opposants au traité de Maastricht qui le disent, mais des supporteurs convaincus, tel M. Karl Langers, porte-parole pour les affaires étrangères du groupe chrétien-démocrate au Bundestag. Aux contempteurs des «critères de convergence» imposés par l'instauration de la monnaie unique, l'homme de confiance du chancelier Kohl répondait sans détour qu'il s'agit du «diktat de la réalité supranationale. Celle de la concurrence globale». Une réalité et une concurrence où nous retrouvons les véritables «citoyens du monde» dont M. Langers se charge, en lieu et place des idéologues de gauche reconvertis mentionnés plus haut, de révéler l'identité. «La politique doit être orientée par rapport à la réalité supranationale. Les attentes des marchés financiers internationaux en sont une expression[1].»

Étant donné ce qui subsistera ainsi de la «souveraineté nationale» dans les années qui viennent, il n'est pas besoin d'être grand clerc pour pronostiquer un essoufflement progressif de la «démocratie» à l'échelle du pays. De là l'investissement de tous les espoirs dans le «local» et plus particulièrement dans «la ville». Réinsuffler la «passion civique» chez les individus et les groupes saisis comme «habitants», tel serait le «nouveau mode d'accès à la citoyenneté». Un retour à la base, en quelque sorte, qui est aussi un retour en arrière puisque l'on retrouve ainsi en chemin, comme s'en réjouissent certains, «la définition originaire du citoyen, c'est-à-dire l'habitant de la cité».

Faute de pouvoir réduire la distance croissante qui sépare les citoyens des niveaux où s'élaborent les politiques menées en leur nom et soi-disant pour leur bien, on va donc se rabattre sur l'échelon local. Ce qui donnerait corps à la citoyenneté, ce serait la proximité. Ancrée sur le «terrain», autre mot sacré, elle perdrait de son abstraction. Proche de ses élus, le «citoyen» pourrait avoir «prise» sur eux. Comme si le rapprochement géographique avait la vertu de compenser l'éloignement social. Peu importe, d'autre part, que l'origine des «problèmes urbains» les plus graves se situe «ailleurs», que «crises» et «mutations» soient des processus dont la dynamique échappe non seulement aux élus locaux, mais même aux dirigeants politiques des différents pays, fussent-ils réunis de temps à autre en conclaves du style G7 pour éviter qu'elle ne s'emballe. Seule compte la «gestion» territoriale de ses «retombées». Et, plus spécifiquement, le contrôle sur place des troubles et des désordres qui en résultent.

Le recours à la «démocratie locale» comme remède aux défaillances de la citoyenneté «classique» n'est pas nouveau. Dans les années 60 et 70, des tonnes de papier et de salive avaient été gaspillées à chanter ses mérites incomparables. Gaspillage pour la majorité des citoyens, bien sûr, mais non pour la nouvelle petite-bourgeoisie intellectuelle et technicienne qui réclamait à cor et à cri une «décentralisation véritable». À écouter ses porte-parole, il s'agissait de «rendre le pouvoir au citoyen» dans un pays marqué par le centralisme hérité de la monarchie absolue et de l'Empire, et que le gaullisme, avec sa «constitution autoritaire» et ses «institutions technocratiques», n'avait fait que consolider. En réalité, la conquête du «pouvoir local» constituait, pour les nouvelles élites sécrétées par l'«entrée en modernité» de la France, une étape obligée dans leur longue marche vers les sommets de l'État[2].

Les années ont passé et la décentralisation aussi. À l'échelle de la commune, du département ou de la région, on sait ce qu'il est advenu de la «démocratie locale». De nouvelles féodalités se sont reconstituées autour des «barons» politiques qui ont su profiter des compétences nouvelles déléguées aux élus locaux. C'est précisément la myriade de gens «compétents» gravitant autour de ces potentats au petit pied mais menant souvent grand train qui a le plus bénéficié de cette réforme de l'État. Aussi ne faut-il pas s'étonner que les plus enthousiastes aient parlé à son propos de «révolution».

En un certain sens, c'est-à-dire pour des catégories limitées de citadins, il y a bien «démocratie locale» dans la gestion des affaires de la cité, encore que certains maires, en particulier dans les grandes villes, aient tendance à se comporter dans leurs fiefs en autocrates entourés d'une cour servile. Rompus au débat technicisé, «décideurs» et «experts» en tout genre dialoguent, discutent et négocient librement sur un pied de quasi-égalité. «Professionnels», «spécialistes», «techniciens» sortis pour la plupart de l'enseignement supérieur, ils appartiennent au même univers de référence que celui des élus locaux, celui, justement, de l'expertise technicienne. À grand renfort de «démarches contractuelles» et de «procédures négociées», ils sont passés maîtres dans l'art du «débat démocratique».

Ce débat, «désidéologisé» comme il se doit, se déroule entre des interlocuteurs issus des collectivités locales, des services extérieurs de l'État, des universités, des centres de recherche, sans oublier ces ratons laveurs de la démocratie locale que sont les leaders des réseaux associatifs, notables en herbe dont beaucoup ne rêvent que de rejoindre les rangs des élites auxquelles il leur arrive de s'opposer. Autant dire que cette mise en scène de la confrontation et de l'argumentation met aux prises des «acteurs» qui se distinguent du lot des figurants que sont la majorité des électeurs. En dehors de ce cercle restreint, dans lequel il faut bien sûr inclure les «forces vives de l'économie», à savoir les chefs d'entreprise et les directeurs de société, la démocratie locale demeure plus que jamais une fiction. Si «nouvelle citoyenneté» il y a, son exercice effectif demeure circonscrit à un cadre étroit. Celui des «cadres», justement.

On objectera que les citoyens «ordinaires» peuvent, s'ils le veulent, «participer aux affaires qui les concernent» par le biais de la vie associative. Pour «réactiver la vie locale», des commissions de concertation, des consultations publiques et des réunions d'information ont été mises sur pied par les élus. Mais, tout d'abord, on sait que la hantise des autorités locales de voir s'ériger des contre-pouvoirs les amène à contrôler plus ou moins discrètement cette effervescence démocratique. Ensuite, il faut rappeler que ces «affaires qui concernent les citoyens» ne sont pas celles qui ont le plus d'impact sur leur existence. Ces dernières se traitent en général portes closes et, pour la plupart, à des échelons bien supérieurs au niveau «local». Enfin, nul n'ignore que seuls les citadins appartenant, eux aussi, aux couches moyennes, s'emploient de temps à autre à faire tourner les rouages de cette «démocratie participative».

Restent tous les autres. Contrairement aux

espérances ou aux promesses, le «rapprochement» que la décentralisation devait favoriser entre le pouvoir et les citoyens n'a été pour la majorité d'entre eux que géographique. Comme leurs homologues des niveaux supérieurs de l'État, les élites locales ont tendance à vivre en circuit fermé. «La rupture du lien de confiance entre la sphère politique et l'électorat n'est plus seulement ressentie à l'échelon national», déplorait *Le Monde* qui se faisait l'écho, alors que l'année 1996 touchait à son terme, des avertissements de nombre de maires devant la résurgence d'une «fracture civique» là même où l'on s'en croyait prémuni.

Ce n'est pourtant pas faute, de la part des élus locaux, de s'intéresser aux préoccupations de leurs administrés. Et notamment de ceux qui végètent dans ces quartiers que l'on qualifie de «difficiles». Moins, d'ailleurs, parce que leurs habitants sont confrontés à d'innombrables difficultés dans leur vie quotidienne, qu'en raison des difficultés, et notamment des désordres qu'ils créent pour les «responsables» en charge de la gestion territoriale de la misère. Toujours est-il qu'à défaut de leur fournir du travail, on s'était évertué, des années durant, à «réhabiliter» architecturalement leurs lieux de résidence, à y susciter des «activités» et des «échanges» de toute sorte. Avec l'idée que cette discrimination positive en leur faveur dans l'espace urbain compenserait le creusement des inégalités dans la sphère économique. Et suffirait à enrayer la montée d'une «violence urbaine» dont les manifestations multiformes empêchent les responsables politiques, tant nationaux que locaux, de «gérer» en rond.

Tout en soulignant, comme la plupart de

ses confrères, l'intérêt d'efforts visant à éviter «le pire» — une révolte massive des couches paupérisées et marginalisées —, un sociologue bien au fait des métamorphoses de la question sociale notait qu'il fallait néanmoins «être singulièrement optimiste pour voir dans ces pratiques de "maintenance des conflits" les prémices d'une "nouvelle citoyenneté"». Sans craindre le ridicule, en effet, les «décideurs», encouragés par une nuée de chercheurs, ont fixé à la «politique de la ville» une mission impossible : faire des habitants de quartiers déshérités des citoyens à part entière.

De drôles de citoyens

«Réassurer le lien social en faisant de la ville le creuset d'une citoyenneté inédite», cela pourrait se lire comme une «ambition» ou un «défi». Et pourquoi pas comme une aimable fumisterie? Car c'est bien entendu et comme toujours des «quartiers défavorisés», et non de «la ville» en général, qu'il s'agit. Consacrés à explorer les voies menant de «l'exclusion» à une «citoyenneté active», les «entretiens» auxquels cette tirade introduisait étaient d'ailleurs chapeautés par la Délégation interministérielle à la ville, instance de concertation bureaucratique en charge du «mal-de-ville» dans les «banlieues». Encore une fois, le nom et la profession de l'auteur de cette envolée semblable à cent autres n'ont aucune importance. Qu'elles émanent de sociologues, de politologues, de géographes, de philosophes ou de tout autre membre de corporations savantes, les péroraisons de ce genre se ramassent aujourd'hui à la pelle.

Forts de ces cautions «scientifiques», il ne faut pas s'étonner, en tout cas, que les hommes politiques s'engouffrent dans la brèche — pour ne pas dire le vide théorique — ainsi ouverte. Lors d'une séance d'exorcisme électoral tenue dans le cadre des Rencontres nationales des conseils de prévention de la délinquance, à La Rochelle en janvier 1993, le secrétaire d'État à l'Intégration Kofi Yamgnane avait parfaitement résumé l'état de la réflexion sur la citoyenneté dans la France des années 90 : «L'intégration, c'est quand on reste un citoyen à part entière même si on est pauvre, handicapé, chômeur, femme *[sic]*[3].» Comme on peut le constater une fois de plus, la «misère du monde» n'épargne pas le monde politique et intellectuel.

La plaisanterie ressassée selon laquelle «tous les citoyens sont égaux mais il en est de plus égaux que d'autres» a tout de même le mérite de bien mettre en lumière la mystification qui alimente les faux débats autour de la citoyenneté. L'égalité à laquelle il est fait allusion, en effet, renvoie aux inégalités de fait, c'est-à-dire de positions tant matérielles que symboliques dans l'espace social. Qu'elles concernent l'avoir, le pouvoir ou le savoir, l'écart peut s'agrandir au point de devenir flagrant, et inciter ceux qui en sont les victimes à considérer la citoyenneté comme une pure mystification. À l'encontre de ce que pensent certains philosophes revenus d'un «matérialisme limité» pour plonger dans un idéalisme débridé, on ne devient pas «citoyen» par amour abstrait de la citoyenneté, mais parce qu'on y a toutes sortes d'intérêts. Avant de parler de «dignité» et de «reconnaissance», il faut savoir si existe le substrat à ces valeurs, à savoir le statut économique. Comment être digne si l'on vit dans l'indignité de l'invalidation? Comment être reconnu si l'on n'est personne ?

Des sociologues qui ne doutent par ailleurs aucunement de «vivre en démocratie» — à juste titre tant qu'ils se limitent à leur propre cas — sont les premiers à en convenir. «Il n'est pas réaliste, opine un Touraine's boy monté en grade, de demander à des populations démunies et marginalisées, hétéronomes politiquement, de se prendre en charge elles-mêmes pour construire des débats d'où elles sont exclues, ou les réseaux économiques qui leur font défaut.» Le pape de l'école adverse, penché depuis quelque temps déjà sur la misère du monde, ne dit pas autre chose, même s'il le dit autrement : «Ranimer la vie de quartier, faire participer les résidents à la gestion, tous ces mots d'ordre ne sont que des mots, des fictions automystificatrices par lesquelles la technocratie essaie de se donner un supplément d'âme.» Un autre sociologue rappellera que pour la plupart des gens appartenant aux couches populaires, le travail salarié est non seulement «le fondement de leur citoyenneté économique», mais également «au principe de la citoyenneté sociale». Ne représente-t-il pas la «participation de chacun à une production pour la société et, partant, à la production de la société?»

Que la vie ne soit pas uniquement fondée sur le travail, on n'avait pas attendu les frères-prêcheurs de la revue *Esprit* pour le savoir. Mais, comme le fait remarquer un chercheur plus sensible que certains de ses collègues aux trivialités de ce monde, «s'il est toujours bon d'avoir plusieurs cordes à son arc, loisirs, culture, participation à d'autres activités valorisantes», il ne faut pas oublier que «ce qui permet de tendre l'arc et de faire partir les flèches dans plusieurs directions, c'est une force tirée du travail». On peut évidemment rêver d'une vie affranchie du travail, passée au sein d'un secteur d'«utilité sociale» convivial et protégé. La «dignité» de l'individu ne serait plus fondée sur l'emploi salarié, ni même le travail, mais sur une «activité» plus ou moins désintéressée, voire bénévole. Quant à sa subsistance, elle serait financée à fonds perdus par le biais d'un revenu... «de citoyenneté»! Glorifiées sous le nom de «tiers secteur» ou d'«économie solidaire», de telles «activités» existent déjà, préfigurant ce pays de cocagne «citoyen». Il est douteux, cependant, que ceux qui y sont affectés bon gré mal gré puissent s'appuyer sur elles pour se poser en «citoyens à part entière».

Au fur et à mesure que la «crise» s'éternisait, cette économie de survie insitutionnalisée a eu tendance à se développer sinon à prospérer, notamment dans les secteurs de l'animation, de l'aide à la personne, de l'entretien et de la prévention. Mais, n'en déplaise à ses thuriféraires intéressés, c'est par obligation et non par vocation que les laissés-pour-compte de la «globalisation» jouent ainsi les utilités. Ils préféreraient faire autre chose de plus payant et de plus gratifiant que d'aider les personnes âgées clouées à leur domicile, nettoyer les abords des immeubles ou éviter les algarades avec les jeunes resquilleurs dans les transports en commun. S'ils doivent en passer par ces «emplois de proximité», c'est dans l'attente le plus souvent vaine d'un «vrai boulot». Or, sauf à déceler dans les «entreprises d'insertion», les «associations intermédiaires» et autres surgeons de «l'économie sociale» les germes d'un dépassement de l'aliénation et de l'exploitation du travail, voire une préfiguration de ce que pourrait être l'abolition du salariat, il est parfaitement cynique d'ériger les gens démunis et fragilisés qui atterrissent dans ces «structures d'insertion», faute de mieux, en pionniers d'on ne sait quelle «nouvelle citoyenneté».

Comment les jeunes des «cités», en particulier, pourraient-ils se laisser séduire par le chant des sirènes de «l'urbanité citoyenne», alors qu'ils ne sont même pas reconnus comme sujets de droit dans leur existence de tous les jours ? Quand un directeur des «ressources humaines» écarte leur candidature à un emploi, quand un propriétaire refuse de les avoir pour locataires, quand un policier décide de «vérifier» leur identité, ce n'est évidemment pas aux «citoyens» qu'ils s'adressent. Et il a fallu l'intervention personnelle du président de la République pour rappeler aux tenanciers des dancings et des boîtes de nuit que l'apartheid ne figurait pas parmi les principes inscrits dans la Constitution.

Qu'il s'agisse d'emplois «recherchés», d'établissements scolaires «cotés», de quartiers «résidentiels» ou de tout autre endroit «réputé», une sélection insidieuse est à l'œuvre pour en barrer l'accès à certaines catégories de «citoyens», toujours les mêmes. Selon la doxa, le principe de citoyenneté pose que, par-delà les inégalités objectives, il existe une «égalité de dignité impliquant que tous les individus soient traités de la même manière du point de vue juridique, civil, politique». Or, qui le niera? Au-delà du racisme ambiant, la discrimination de fait qui est en train de s'instaurer subrepticement en France s'effectue selon un critère socio-économique plus prédominant que jamais : l'appartenance aux «basses classes».

Pourtant, sous prétexte que nous vivons dans une société non seulement urbanisée mais «urbaine», les individus ne doivent plus être appréhendés et définis socialement à partir de leur rapport réel au capital, ni même politiquement au travers de leur relation supposée à l'État, dont le rôle et le prestige au niveau central ne sont plus ce qu'ils étaient. Dorénavant, c'est la Cité qui incarnerait le mieux, si l'on peut dire, car il s'agit d'une entité largement métaphorique, ce dont le «citoyen» est censé se soucier : «l'intérêt général», «le bien commun», «la collectivité»... Car qui dit «Cité» dit — les idéologues à court d'idées ne se lassent pas de nous le redire — «urbanité», «civilité», «civisme», «citoyenneté», etc. Est «citoyen», donc, le citadin, quel qu'il soit, qui «s'implique» dans le «vivre ensemble» de sa ville ou de son quartier, par-delà les oppositions d'intérêts, «catégoriels», «égoïstes» et «partisans» comme chacun sait. On l'aura compris : l'important, c'est de participer. Dans la «Cité» en général comme dans les «cités» en particulier.

La Cité sans classes

Le Parti communiste lui-même n'ose plus guère parler des «travailleurs», dont il avait pourtant revendiqué haut et fort durant des décennies la représentation politique exclusive, laissant aux syndicats ouvriers le soin de prendre en charge leurs revendications «sociales». Vers la fin des années 80, ils avaient commencé à céder la place aux «gens», en particulier quand M. André Lajoinie fut chargé de faire de la figuration dans la course à la présidence de la République. Depuis, dans la foulée de la «mutation» orchestrée par le jovial secrétaire du PCF, les travailleurs sont bel et bien passés à la trappe pour laisser peu à peu la place aux «citoyens».

De cette masse d'individus économiquement hors statut émergent tout au plus de temps à autre les «salariés». En particulier, lorsqu'il s'agit d'entretenir ou de réveiller la combativité populaire à la veille de quelque consultation électorale, face aux offensives des employeurs, publics ou privés, et aux «agressions» du gouvernement qui les soutient. Seuls aujourd'hui Arlette Laguiller, quelques «paléo-marxistes» et une poignée d'anarchistes s'aventurent encore à parler au nom des «travailleurs». Une référence d'autant plus surannée que, si l'on en croit la rumeur qui court dans les salons, les antichambres ministérielles et les amphithéâtres universitaires, le travail serait lui-même «une valeur en voie de disparition». À croire que les valeurs cotées en Bourse navigueraient désormais sur un coussin d'air, ainsi que tendent d'ailleurs à le faire accroire certains discours pseudo-critiques à propos de la «bulle financière».

Et que dire du «prolétariat»? Précisément, on n'en dit plus rien Place du Colonel-Fabien. Déjà, sa «dictature» supposée avait été mise au rancart sans autre forme de procès, il y quelques années. Au grand dam des militants «orthodoxes» qui s'étaient plaints à l'époque de n'avoir été informés de la nouvelle que par le truchement de la télévision et de la radio, lors d'une prestation du secrétaire du Parti d'alors, M. Georges Marchais. Pourtant, l'ennemi de classe, lui, est toujours évoqué sous ses appellations traditionnelles, qu'il s'agisse de la «bourgeoisie», du «capital», du «patronat» ou, plus récemment, des «marchés» dont la «dictature», à la différence de celle du prolétariat, donne lieu à une ample littérature. Faudrait-il déceler dans ce contraste linguistique un reflet inconscient de l'état réel des rapports de forces? Mais n'anticipons pas. Toujours est-il que l'on ne trouve quasiment plus trace de la figure emblématique du mouvement ouvrier dans le langage du PCF «modernisé»

À la fédération «conservatrice» du Nord-Pas-de-Calais, des plaisantins qui sont aussi des grincheux ulcérés par tous ces abandons ont trouvé un surnom pour le secrétaire général du Parti : «Robert Mue». Il faut dire que le Parti communiste d'un «nouveau type» dont il se veut l'accoucheur risque de n'avoir plus de «communiste» que le nom. Mais n'était-ce pas déjà le cas depuis belle lurette, objectera-t-on? Sans rentrer dans une querelle ancienne qui nous écarterait de notre propos, notons simplement qu'avec la mise sur orbite du «citoyen», le PCF parachève son intégration dans la galaxie des «partis de gouvernement». Un gouvernement de «citoyens», cela va de soi.

À première vue, rien n'obligeait un parti soucieux de se «moderniser» à s'encombrer d'un terme aussi archaïque. Encore plus poussiéreux même, au premier abord, que celui de «travailleur» ou de «prolétaire». Un terme qui, de surcroît, avait perdu la connotation presque classiste qu'il avait pu un moment acquérir, lorsque le peuple pourchassait les «aristocrates» et autres «suppôts de l'Ancien Régime». La contre-révolution thermidorienne le confirma définitivement dans sa fonction originelle. Celle de concept fondateur de l'ordre politique bourgeois. Depuis lors, tout au long des deux siècles qui ont suivi, les classes dirigeantes qui se sont succédé au pouvoir n'ont cessé de le mettre en avant pour exorciser le spectre d'une démocratie véritablement populaire. C'est pourquoi «pendant longtemps, le mouvement ouvrier s'est méfié de la notion même de "citoyen", lui préférant celle de "travailleur", de "classe ouvrière"», comme le rappelait Robert Hue lors du dernier Comité national, tout en prenant soin de taire les raisons de cette méfiance et de cette préférence. Mais si cette distinction «a ses mérites», elle comporte aussi «de terribles inconvénients». Quels mérites et surtout quels inconvénients? Prière de se reporter, pour en savoir plus, aux théorisations révisionnistes en cours d'élaboration, rédigées par les intellectuels du Parti et les nouveaux compagnons de route. De toute façon, si l'on en croit le secrétaire national, «tout cela est largement derrière nous».

Est-ce à dire que la lutte des classes serait, elle aussi, restée en rade? Non point! Il se trouve simplement que sa «nouvelle configuration» place «l'intervention citoyenne» de tous les salariés au cœur de l'action. Autrement dit, on n'a plus besoin de classes, ou du moins de la classe ouvrière, pour mener la lutte. En d'autres temps, on aurait parlé de retournement dialectique. Un coup de force idéologique, en tout cas, en forme de coup de théâtre dont *Le Monde* ne semble pas avoir capté toute la subtilité. «L'intervention citoyenne», en effet, ne «remplace» pas la lutte des classes : elle en est la forme moderne. Depuis les bancs de l'Assemblée ou les palais gouvernementaux, par exemple, les élus communistes, les ministres communistes même, en seront les acteurs décidés en tant que «relais-citoyens des exigences populaires». Ralliement pur et simple au «réformisme», comme le clame le dernier carré des «durs» du Parti ? Pas du tout ! Insertion dans «un processus de révolution», au contraire, «citoyenne et solidaire», comme il se doit.

Ce qui vaut pour les sommets de l'État s'applique bien évidemment à tous ses échelons locaux, à commencer par la commune, «cellule de base de la démocratie», comme on ne se lasse pas de le répéter. Cependant, il faut bien dire qu'à ce niveau, celui de la «citoyenneté locale», on chercherait en vain dans les discours dont elle fait l'objet au PCF quelque chose qui les différencie radicalement de ce que l'on en dit dans les autres partis, si l'on excepte le Front national. Et ce que l'on en dit ne renouvelle guère le tissu de platitudes que l'on ne cesse de dévider à propos de la «démocratie locale» et du «citadin-citoyen» depuis plus d'un quart de siècle. C'est-à-dire depuis l'époque où, effrayées à l'idée que la secousse de Mai 68 et ses séquelles puissent déboucher sur une crise de régime, les «élites» de droite comme de gauche avaient fait cause commune pour sauver la démocratie représentative en mettant la comédie urbaine à l'affiche[4].

C'est d'ailleurs un peu une panique du même ordre qui explique la vogue que connaît la thématique de la «citoyenneté urbaine aujourd'hui». Sauf que la hantise de la «subversion» a fait place à celle de la «désagrégation». Et que l'on chercherait en vain — nous y reviendrons bientôt — une fausse note dans le concert unanime des gens en place en faveur du «lien social à recoudre». Or c'est aux élus locaux que revient en priorité cette tâche de ravaudage. «Vous êtes en première ligne, lançait aux maires le ministre de l'Intérieur lors du dernier congrès de l'Association des maires de France. Vous êtes un rempart essentiel contre l'exclusion, contre l'individualisme, contre le communautarisme.» Mais comment faire pour convaincre ces «non-forces sociales» que seraient les «exclus», au dire d'un sociologue bien en cour, de «se mobiliser autour d'un projet commun» susceptible de les «réinsérer dans la communauté citoyenne»?

Si le citoyen ne vient pas à nous, c'est à nous d'aller à lui, rétorquent les stratèges de la reconquête des «quartiers difficiles». Chefs de projets, agents de développement, chargés de mission, «médiateurs» et «entremetteurs» en tout genre... autant de *missi dominici* dépêchés sur le terrain par les autorités pour «stimuler la participation populaire». Des procédures et des procédés de plus en plus sophistiqués sont mis au point pour «associer» davantage les habitants à la mise en œuvre de la politique de la ville. Notre «démocratie» a ceci de paradoxal, en effet, qu'il faut sans relâche persuader le peuple de «participer» au pouvoir qu'il est censé détenir. Nulle surprise, dans ces conditions, si la «stimulation de l'implication citoyenne» se réduit le plus souvent à une simulation.

On n'en est pas encore à donner quelque argent à des chômeurs pour faire la claque dans des «assemblées-débats», comme s'y était essayé un éphémère ministricule radical-socialiste sous le mitterrandisme à son déclin. Le procédé est évidemment maladroit, mais on peut en conserver le principe en démultipliant son application. Ainsi ne rétribue-t-on pas directement les «démunis» dont la «passion civique» laisse à désirer, mais une foule de «professionnels de terrain» et de «militants associatifs» chargés de les inciter à entrer dans la ronde de la «citoyenneté». D'où les demandes réitérées de crédits supplémentaires pour l'embauche de ces agents recruteurs d'un nouveau genre. Dans une société marchande, tout s'achète et tout se vend, disait-on jadis. Y compris la démocratie qui, «parce qu'elle est incontestablement un échange, a un coût», ainsi que le rappelait un croisé lorrain du «développement social urbain» pour qui tout finit par des «transactions». Une manière de sous-entendre, comme si cela allait de soi, qu'il ne saurait y avoir d'échange que marchand. Avis donc aux gouvernants nationaux ou locaux soucieux de «favoriser l'expression des habitants» : «on ne peut à la fois vouloir la démocratie et refuser d'en payer le prix». Un raisonnement apparemment imparable. Et surtout impayable.

Il n'est pas jusqu'aux sans-abri qui, à défaut de trouver un toit et un emploi, se retrouvent maintenant miraculeusement pourvus de «droits civiques». Citoyens, non pas de deuxième zone, comme le sont la plupart de leurs compatriotes privés du pouvoir effectif d'influer sur quoi que ce soit d'important pour eux, mais de la «zone» tout court. Grâce au projet de loi sur la «cohésion sociale» présenté par le gouvernement Juppé, ils auront le droit de se faire inscrire sur la liste électorale de leur commune de naissance même s'ils n'y ont plus jamais remis les pieds. Espère-t-on de la sorte dissuader ces gens sans feu ni lieu de devenir un jour des gens sans foi ni loi?

«Pauvres mais dignes», s'exclamaient les dames patronnesses du siècle dernier au vu des nécessiteux qui savaient recevoir sans avoir l'air de quémander, ni bien sûr de menacer. «Pauvres mais citoyens», semblent souhaiter en écho aujourd'hui les bonnes âmes qui œuvrent à un titre ou à un autre à la «civilisation» des nouveaux barbares. Mais, en dépit du forcing des acteurs-activistes de la démocratie locale pour faire monter les habitants des «quartiers défavorisés» sur les planches, la plupart ne peuvent ou ne veulent endosser le costume du «citoyen».

«Dans un abondant corpus de rapports, d'études, de bilans et d'évaluations diverses, c'est souvent la réflexion des agents impliqués dans la conduite d'une politique *ad hoc* qui occupe le devant de la scène, et la population concernée qui est muette.» Remarque avisée, une fois n'est pas coutume, venant de l'un des conseillers en titre de ces «agents». Encore ne faut-il pas se méprendre sur le silence de ladite population. Si elle «n'a pas, en son nom propre, voix au chapitre», ce n'est pas faute de «cadre pertinent où s'exprimer» ou parce que «les modalités de représentation font défaut». C'est tout simplement parce qu'elle n'a rien à dire à ceux qui prétendent l'aider à «prendre la parole». Car «la production, profuse et souvent ingénieuse, d'un discours spécialisé sur les quartiers en difficulté» ne vise évidemment pas à faire sortir de leur mutisme ceux qui ont la malchance d'y habiter. Elle est là pour répondre par avance à côté des problèmes qu'ils pourraient être amenés à soulever. En termes de «citoyenneté» par exemple.

NOTES

1. «Non, monsieur Seguin, il n'y a pas d'autre politique», *Le Monde*, 12 octobre 1996.
2. Sur la «local-démocratie», comme co-gestion par la Gauche des retombées locales de la mondialisation capitaliste, lire *Le socialisme à visage urbain*, Jean-Pierre Garnier, Denis Goldschmidt, Éditions Rupture, 1978.
3. *Libération*, 22 janvier 1993.
4. Sur cette mise en scène des rapports sociaux prenant la ville pour théâtre et le citadin comme personnage principal, lire l'ouvrage de Jean-Pierre Garnier et Denis Goldschmidt, *La Comédie urbaine*, Maspero, 1978.

LIEN SOCIAL, QUAND TU NOUS TIENS !

«Le poumon !»... «Encore le poumon !»... «Le poumon, vous dis-je!»... On se souvient sans doute de cette scène anthologique du *Malade imaginaire* où Toinette la servante, déguisée en médecin, ramenait à une affection pulmonaire fictive toutes les douleurs dont se plaignait son maître et «patient» Argan. Avec l'humour en moins, c'est à des simagrées analogues que se livrent les Diafoirus diplômés de notre temps, penchés avec des mines soucieuses sur les malaises multiples du «corps social». Sauf que, dans le cas présent, les souffrances des victimes n'ont rien d'imaginaires. À entendre les médicastres qui se succèdent à leur chevet, tout ce qui va mal pour la majorité de nos concitoyens, en cette fin de siècle maussade, renverrait à une crise unique : celle du «lien social».

Lorsqu'ils sont amenés à vaticiner à propos de l'avenir jugé incertain sinon inquiétant de notre société, dirigeants politiques, hauts fonctionnaires, journalistes, universitaires, chercheurs ou «consultants» n'ont en effet aujourd'hui qu'un «concept» à la bouche : «le lien social». Après une entrée ou plutôt une rentrée timide tout au long des années 80, cette métaphore exhumée des grimoires de la sociologie durkheimienne est devenue au cours de la décennie suivante proprement envahissante. Référence obligée pour tout discours politiquement correct sur «la fragmentation de notre société» et «la crise de notre modèle d'intégration» qui en serait tantôt la cause, tantôt la conséquence, le «lien social» fait désormais partie de ces mots mana à propos desquels ironisait Roland Barthes dans ses *Mythologies*, dont les vertus explicatives sont nulles mais l'impact idéologique quasiment illimité.

Angoisse de millions d'individus convertis du jour au lendemain en surnuméraires, pour cause de «rationalisations» et de «modernisations»? «Crise du lien social», répond le chœur des énarques, politologues et autres experts brevetés. Déréliction des populations paupérisées par la «flexibilisation» de l'économie? «Crise du lien social», répètent-ils à l'unisson. Réapparition des mendiants et des vagabonds, non plus aux portes des églises ou sur les routes de campagne, mais à l'entrée des supermarchés ou dans les couloirs du métro? «Crise du lien social», diagnostiquent une fois de plus les augures certifiés. Détérioration de la situation dans les cités-dépotoirs? Multiplication des «violences urbaines»? «Crise du lien social», s'exclame-t-on imperturbablement dans les colloques scientifiques ou les colonnes des revues qui leur font écho.

Exagération de notre part? Voici ce que l'on pouvait lire, en guise d'entrée en matière, dans un numéro spécial de la très sérieuse revue *Sciences humaines*, dont le titre — «Le lien social en crise?» — résumait le propos : «Avec la montée continue du chômage, la réapparition de la nouvelle pauvreté *[sic]*, le nombre croissant des sans-abri et des bénéficiaires du RMI, la dégradation des banlieues, l'augmentation de la délinquance..., l'idée s'est imposée, au début des années 80, qu'un nouveau mal plus profond rongeait notre société : la crise du lien social[1].» Une crise qui, à l'instar du fameux «poumon» de la pièce de Molière, montre que les charlatans de notre époque ne manquent pas de souffle, eux non plus.

L'«idée» en question ne s'est évidemment pas «imposée» par la vertu du Saint Esprit, mais par la volonté, matérialisée dans une promotion institutionnelle systématique et un activisme éditorial persévérant, d'idéologues aux visées rien moins qu'éthérées. C'est peu dire que, dans le champ de la recherche urbaine, pour ne considérer qu'elle, la «question du lien social» figure aujourd'hui en bonne place parmi les «bonnes questions», c'est-à-dire les questions jugées pertinentes et légitimes. C'est la question «transversale» par excellence, celle autour de laquelle tournent la plupart des autres questionnements. Une question véritablement «incontournable», puisque tout chercheur qui s'aviserait de la considérer comme superfétatoire, voire dilatoire, se verrait *ipso facto* disqualifié.

L'auteur des lignes introductives citées plus haut comme les signataires des articles qui suivaient ne faisaient qu'apporter à leur tour quelques pierres de plus à une (re)construction idéologique d'envergure dont l'édification ne doit rien au hasard. Certains ont même confectionné à plusieurs d'énormes «pavés» pour la rendre plus impressionnante encore. Tel un mur aveuglant mais non aveugle, car les fausses fenêtres n'y manquent pas, elle s'érige pour faire écran à une vérité qui, autrement, risquerait, elle, de s'imposer d'elle-même. À savoir que, dans son mouvement actuel, le capital est bel et bien en train de «désocialiser» la société.

Une ficelle un peu grosse

Tant qu'à détecter «le mal plus profond qui ronge nos sociétés», pourquoi ne pas creuser davantage? Peut-être nos spéléologues de la recherche finiraient-ils par découvrir, dans les tréfonds de la prétendue «crise du lien social», la nocivité du «modèle» socio-économique qui l'a provoquée. Mais telle n'est évidemment pas leur intention. Bien au contraire! Du puits de science autour duquel ils montent une garde vigilante, nulle vérité ne saurait sortir sans être préalablement revêtue des oripeaux «conceptuels» destinés à la rendre présentable. Pour ces gens prudes et surtout prudents, exhiber le capitalisme réel dans toute sa hideuse nudité relève de l'obscénité. Mieux vaut donc qu'il demeure dans l'obscurité.

Aux yeux des chercheurs perdus dans le labyrinthe d'une société en train de se décomposer, la notion-fétiche de «lien social» constitue un véritable fil d'Ariane. C'est à lui que chacun doit s'accrocher et se raccrocher pour explorer la passe difficile que traverserait le «vivre ensemble» dans notre pays. Une autre expression à fonction éminemment propitiatoire qui revient comme un leitmotiv dans la prose compassée des remailleurs d'un «tissu social» en loques. Certes, les voies qu'ils prétendent ainsi défricher ne mènent guère loin en général. Mais elles ont le mérite de dissuader ceux qui les empruntent de s'engager imprudemment dans quelque sens interdit.

Choisir le «lien social» comme «angle d'attaque», en effet, permet de laisser dans un angle mort, c'est-à-dire hors champ, un concept aussi encombrant que celui d'exploitation : la domination. Quelques grands prêtres d'une sociologie «solidariste» essaient bien de temps à autre de les jeter tous deux dans les poubelles de l'histoire à coups de déclarations péremptoires. «Il n'y a plus exploitation. Il n'y a plus domination», décrète l'un d'eux, la mine grave, ignorant l'hilarité que ce genre de propos suscite parmi les intérimaires et les travailleurs embauchés avec un contrat insertion-emploi à qui l'on relate ces doctes propos. Bien que les rapports d'exploitation et de domination soient tombés dans le discrédit, pour cause de «langue de bois», après leurs heures de gloire post-soixante-huitardes, on n'a pu néanmoins totalement se débarrasser d'eux. On fera donc comme s'ils n'existaient pas. Pour les faire oublier, à défaut de les éliminer, en tant que concepts et surtout comme réalités, on focalisera l'attention sur «le lien social, ses tensions, ses déchirements».

Retour en grâce des plus cocasses pour une notion qu'un économiste, marxiste à l'époque et autopromu depuis porte-parole économique des Verts, n'hésitait pas à qualifier de «nouveau nom de l'ordre établi» s'inscrivant dans «l'apologie abstraite du compromis institutionnalisé». Une définition un peu abrupte que son auteur s'empressera par la suite d'abandonner, pour prix, sans doute, des compromissions institutionnelles très concrètes auxquelles le conduira son recyclage dans l'écologisme. Une dizaine d'années plus tard, il signera, en compagnie de deux notables de gauche féminines, reverdies elles aussi, un papier dont l'intitulé en forme de slogan apparaît rétrospectivement comme un désaveu de ce qu'il affirmait jadis : «Et maintenant, recoudre la société française.» Depuis lors, on le voit battre la campagne — c'est-à-dire la ville — sur ce thème, et battre campagne aussi puisqu'il en a fait le tube rassembleur de ses tournées préélectotales. Une fois encore, la vogue fluctuante de certains vocables mis à contribution pour rendre compte de l'évolution de la société en dit moins long sur cette évolution que sur celle des «observateurs» supposés la déchiffrer.

Parmi les chercheurs appliqués à élaborer une formulation scientifique de la «question urbaine», il était de mode, dans les années 70, d'user et parfois d'abuser du concept de «rapports de production». C'est à qui s'attacherait à mettre à la fois en lumière et en cause l'emprise du capitalisme sur la ville, en raison du caractère «implacable» de la logique de fonctionnement d'un système urbain entièrement «au service des grandes entreprises», baptisées «monopoles» dans la phraséologie structuralo-marxiste qui prévalait alors. Or voilà que, chez ces mêmes chercheurs, la «question urbaine», métamorphosée entre-temps en «nouvelle question sociale», apparaît maintenant paradoxalement déconnectée des rapports de production capitalistes. Comme si l'évolution de ces derniers n'était pour rien dans les «lignes de fracture» apparues dans le tissu urbain. Comme si derrière les mystérieuses «forces de dissociation» qui mettent «la ville en crise» ne se dissimulaient pas les forces bien connues du marché.

Pour s'être profondément modifiés, les rapports de production capitalistes n'en sont pas moins plus prégnants que jamais, au point de gagner des domaines que l'on croyait préservés, comme la création artistique ou le «temps libre». Mais qui irait aujourd'hui s'attaquer au capitalisme, en théorie comme en pratique, au risque d'être accusé de troquer la casquette du savant pour celle du militant? Et surtout de ne pas répondre à une «demande sociale de recherche» qui, quoi qu'on en prétende, n'émane pas de «la société» en général, mais de «décideurs» sociologiquement situés qui n'ont aucune raison de vouloir qu'elle change.

Mieux vaut dès lors se rabattre sur une tâche hautement scientifique : «repenser le lien social». Et renoncer par la même occasion à penser à ce qui le sous-tend et, éventuellement, le distend. Car c'est bien le capital, en tant que rapport social structurel et structurant, qui relie les exploiteurs aux exploités en ligotant chaque jour un peu plus ces derniers, sommés désormais, qu'ils soient cadres, ouvriers ou employés, de «s'impliquer» dans leur travail, c'est-à-dire de l'exécuter — et de s'exécuter — avec dynamisme, motivation et engagement. Et c'est aussi le capital qui dé-lie les individus dont il n'a que faire de leur attache primordiale à la société, à charge pour les pouvoirs publics secondés par la constellation associative de les raccorder au maillage des «dispositifs» de substitution destinés à maintenir la sociabilité sous perfusion.

C'est pourquoi les préposés au ravaudage d'un monde en guenilles peuvent toujours imaginer de nouveaux points de couture pour «repriser le tissu social» : il n'y a pas de «lien social» qui tienne tant que le capital maintiendra la majorité de la population dans un état de sujétion. Ou alors il faudrait en parler comme d'un «lien» qui lie plus qu'il ne relie. Comme celui qui attache l'esclave au propriétaire, le serviteur au maître, l'ouvrier au patron, le travail au capital et le non-travail... au capital également. Car il en va de la «crise du travail» comme de la «crise du lien social» qui, au dire de certains, lui serait en grande partie imputable. Toutes deux résultent des «mutations» en cours du capitalisme qui déstabilisent, précarisent et paupérisent un pourcentage croissant de gens.

Mais, qu'à cela ne tienne! Face à la menace de désocialisation que le capital fait peser sur la société, et pour répondre à la préoccupation qui en découle, prioritaire au point de tourner à l'obsession, de «préserver la cohésion sociale», des chercheurs ont trouvé l'arme absolue. Non pas, on s'en doute, la révolution, encore que, pour des esprits simples, cela pût apparaître comme une conclusion logique. Car si le travail, principal support du lien social, devient rare en raison des «mutations» du capital, pourquoi ne pas détruire ce dernier pour permettre à ce lien de se reconstituer? C'est-à-dire non seulement de se rétablir, mais en plus de le faire sur des bases renouvelées. Néanmoins, l'histoire a montré ce qu'il pouvait en coûter de s'en prendre au capital. Mieux vaut plutôt s'en prendre au travail et cesser de voir dans cette «valeur en voie de disparition» le fondement principal du «lien social». Une révolution, «copernicienne» celle-là selon certains plumitifs, devant laquelle il convient d'autant plus de s'incliner que l'un des esprits forts — encore qu'il faudrait dire plutôt une grosse tête puisqu'il s'agit d'une femme — auxquels on la doit officie à la tête d'un staff de «réflexion prospective» au ministère... du Travai !

Une communauté fantôme

Que les maniaques du tout-économique se le tiennent pour dit : «le lien social c'est d'abord et avant tout le lien politique». Le travail peut donc être appelé à disparaître. Le lien politique, quant à lui, demeurera. Bien plus, c'est la «ressource majeure» qu'il conviendra de mobiliser pour affronter cette «période troublée». Par un renversement sidérant de perspective, la «crise du lien social» s'est ainsi transmuée en son contraire : le lien social, «d'abord politique», comme remède à la crise qui désagrège la société!

Comme devant un prestidigitateur, ce tour de passe-passe fascine beaucoup de monde. Avec une différence de taille, toutefois. Là où l'on serait tenté de chercher un «truc», on va retrouver un «hic». À savoir que le politique salvateur est en aussi piteux état que l'économique. Et l'on a vu précédemment que la dégradation de celui-ci — sauf pour les privilégiés — n'était pas étrangère à la déconsidération de celui-là. On préfère cependant se réfugier une fois de plus dans une vision irénique d'un «espace public» d'autant plus mythifié qu'en inversant les causes et les effets, on considère par avance comme résolu ce qui fait précisément problème.

Selon la vulgate «démocratique», «le lien social est ce qui fonde la co-appartenance des individus à un même espace social, ce qui fait qu'ils sont tous membres d'une même société». Ne serait-ce pas plutôt l'inverse? Et la «crise du lien social», dès lors, ne consisterait-elle pas justement en ce que cette appartenance à une société commune ne suffit plus, au moment où l'opulence côtoie la misère, à maintenir le lien entre ses membres? En outre, dire qu'«ils acquiescent à l'ensemble des règles fondamentales qui régissent cette société» en raison même de cette appartenance, c'est soit prendre ses désirs pour des réalités, soit considérer comme une adhésion ce qui n'est qu'une acceptation — à vérifier, d'ailleurs, pour beaucoup —, soit imputer — et ceci expliquerait cela — sa propre vision ethnocentriste du monde social à l'ensemble de ses «concitoyens».

La crise de la démocratie représentative, dont il a déjà été question, vient en tout cas infirmer ces assertions. C'est d'ailleurs pour cette raison que l'on compte sur le «local» pour la régénérer. Réduit à des consultations électorales sans enjeux véritables, on reconnaît tout de même que ce lien politique est «peu vivant» au niveau national. Mais c'est pour confier à «l'espace public» de la Cité la tâche de le rendre «plus vivant, plus vivace, plus participant», en confondant allègrement au passage le territoire urbanisé et l'espace de plus en plus déterritorialisé de la communication politique. «Il ne s'agirait pas seulement d'élire des représentants, mais de débattre, parler, expliquer, négocier, participer aux choix essentiels de la ville.» On ne sera pas surpris de réentendre ici les échos du refrain à succès sur la «citoyenneté urbaine».

N'est-ce pas elle qui, en fin de compte, est appelée à revivifier le lien social? Pourtant, sur le plan local comme sur le plan national, la «participation de chacun au choix des fins et des moyens de la société dans laquelle il vit» demeure, aujourd'hui plus encore qu'hier, un vœu pieux. À faire tenir ensemble des citoyens fantômes, le «lien social» risque de devenir de plus en plus irréel.

Chacun sait qu'il n'en a pas toujours été ainsi, même si la démocratie est restée, quoi qu'on en dise, assez formelle pour le plus grand nombre. Il fut une époque où les «ensembles», grands ou petits, de logements sociaux bâtis à la périphérie des villes méritaient le qualificatif de «quartiers populaires». Évoquées et invoquées de nos jours sur le mode de la litanie par les «acteurs» de la politique dite «de la ville» et leurs bons conseilleurs, la cohésion sociale et la solidarité n'étaient pas alors de vains mots. Mais, étant donné que l'on refuse systématiquement d'attribuer au mouvement du capital une responsabilité majeure dans la désintégration sociale que subissent les zones d'habitat social depuis une vingtaine d'années, et que, dans le meilleur des cas, la «crise du travail» est posée comme «source première et radicalement nouvelle du chaos urbain», et non comme effet de ce mouvement, on cherchera «ailleurs» les raisons de ce qu'il faut bien appeler un processus de «décivilisation» urbaine.

Ainsi attribuera-t-on, par exemple, à l'effacement des organisations politiques, syndicales ou associatives implantées en milieu populaire le fait que les habitants, et en particulier les jeunes, vivent leur rapport à autrui sur le mode de la méfiance et de l'agressivité. Car pour une sociologie éprise de «cohésion sociale», il ne fait pas de doute qu'un parti, un syndicat ou même une association sont avant tout des «structures collectives d'encadrement», et non des organisations constituées dans la lutte et pour la lutte, comme ce fut le cas à l'origine pour la «banlieue rouge». Si lutte il doit y avoir désormais, ce sera tout au plus contre «l'exclusion», et non contre d'éventuels «exclueurs». Dans les innombrables gloses qui lui sont consacrées, l'absence d'un tel néologisme est d'ailleurs parfaitement logique. Elle ne fait que refléter l'absence apparente de tout responsable dans le surgissement et le développement du phénomène ainsi — à tort — désigné[2].

Depuis la mise sur orbite de «l'exclusion» dans le firmament conceptuel des fabricants de théories, on sait que l'époque est révolue où les exploiteurs s'affrontaient aux exploités, les oppresseurs aux opprimés, les dominants aux dominés. L'exclusion a ceci de commode que l'on peut ratiociner à perdre haleine à son propos sans qu'il soit besoin d'en imputer la responsabilité à de quelconques exclueurs. «La notion d'exclusion laisse de côté l'idée d'un choix ou d'une volonté délibérée de la part de ceux qui excluent», notait finement un sociologue d'obédience tourainienne qui s'était pourtant attaché à promouvoir ladite notion et à assurer dans la foulée sa propre promotion. Malgré un flirt de jeunesse avec le marxisme, il semblait toutefois oublier qu'en deçà de toute intentionnalité, les exploiteurs qui «compriment», «dégraissent» ou «assainissent» et donc «excluent» sont d'abord des agents, c'est-à-dire des individus «agis» en quelque sorte par les rapports de production capitalistes, avant d'être des «acteurs». Personnification du capital, ils en sont les supports ou à la rigueur les porteurs, si l'on tient à doter de quelque humanité la logique déshumanisante qui les fait agir. Une logique à laquelle ils doivent donc se plier, en seraient-ils les bénéficiaires, tout en l'imposant à ceux qui en feront les frais au travers de décisions plus ou moins mûrement réfléchies.

Ce que la notion d'exclusion «laisse de côté», en fin de compte, ce sont précisément les exploiteurs. C'est pourquoi, si «choix» ou «volonté délibérée» il y a, ils sont plutôt du côté de ces chercheurs qui ont cru trouver dans ce pseudo-concept la pierre philosophale qui allait rendre invisible le lien — tout ce qu'il y a de «social», celui-là! — entre l'exploitation et l'«exclusion» censée l'avoir remplacée en tant que «phénomène central de nos sociétés». Car qui l'engendre, sinon les formes contemporaines de l'exploitation capitaliste à l'heure de l'accumulation flexible? À cet égard, y substituer la notion de «désaffiliation» n'y change rien. D'où, sans doute, le succès que celle-ci commence à rencontrer auprès des vulgarisateurs de la pensée unique en sociologie.

La nouveauté d'une désignation incite souvent à prendre ce qu'elle recouvre pour une découverte. Fallait-il attendre l'entrée en fanfare de ce vocable dans le lexique sociologique pour s'apercevoir que la division tourainienne consistant à opposer mécaniquement les «in» et les «out» était une escroquerie intellectuelle, «une foutaise idéologique», comme le reconnaissait récemment un journaliste-essayiste, qui a fait de la versatilité une image de marque, dans *Le Nouvel Observateur*, hebdomadaire qui n'avait pas peu contribué à répandre ce bobard des années durant. Point n'est besoin d'avoir empilé les diplômes pour se rendre compte qu'il existe non seulement un «continuum» mais aussi un va-et-vient entre les gens qui sont «dedans» et ceux qui sont supposés être «dehors». Que la garantie de l'emploi n'empêche pas de vivre au-dessous du seuil de la pauvreté lorsque l'on est payé au SMIC. Que la «vulnérabilité» et la «fragilité» deviennent le lot commun pour une part croissante de la population déstabilisée par les «nouvelles exigences technologico-économiques du capitalisme moderne».

Des «exigences» placées sous le signe de la «compétitivité» et de la «productivité», mais dont on se garde bien de rappeler qu'elles sont inhérentes à l'extorsion de plus-value sur la base du travail salarié en vue du profit. Il faudrait alors reparler des «profiteurs». Et discerner dans ces «non-forces sociales», les «désaffiliés», des «acteurs» qui, pour être une «non-classe», pourraient néanmoins empêcher à la longue la classe dominante de continuer à dominer. Aussi «imprévisibles», «irrationnelles» et «incontrôlées» soient-elles, leurs réactions sont tout de même jugées assez pernicieuses pour inciter les autorités à y déceler le symptôme d'un «problème de société». Leur «incohérence», que nombre de chercheurs se plaisent à souligner, en arrive malgré tout, si l'on en croit ces derniers, à menacer la «cohésion de la société». Bel euphémisme pour signifier que la reproduction des rapports de production pourrait s'en trouver bloquée !

«Combattre l'exclusion» — ou «enrayer la désaffiliation» — ne peut dès lors que rassembler au lieu de diviser. Comme par miracle, le face-à-face entre adversaires a laissé place au coude à coude des «partenaires» unis dans un élan «solidaire». Car la «solidarité» elle-même, que plus d'un siècle de mouvement ouvrier avait associée à la combativité, se voit à son tour enrôlée au service de la bonne cause. La voici désormais mobilisée pour consolider un ordre qu'elle visait naguère à ébranler, sinon à renverser.

Cet appel d'un nouveau genre à l'union dans la lutte peut prêter à sourire, mais on aurait tort d'en sous-estimer la portée. Lancé de façon répétée par une nuée d'hommes (ou de femmes) d'État et d'élus locaux où gauche et droite se fondent et se confondent, «scientifiquement» légitimé par tout ce que le pays compte de penseurs à gages et répercuté tous azimuts par l'ensemble des relais médiatiques, son impact est d'autant plus fort que les théorisations sur lesquelles il s'appuie ne se sont heurtées jusqu'ici à aucune tentative sérieuse de réfutation. Ceux-là mêmes qui s'insurgent contre le règne d'une «pensée unique» dans l'économie semblent ne pas s'être aperçus qu'elle a envahi également la sociologie. Aussi ne sera-t-on qu'à moitié surpris de voir la croisade en faveur du «lien social à retisser» rencontrer des adeptes là même où l'on se serait attendu à un accueil des plus frais.

La sollicitude à l'égard de ce «lien» à la fois ténu et omniprésent déborde maintenant largement les cercles officiellement attachés à préserver l'état de choses existant. Rien ne différencie fondamentalement à cet égard les têtes pensantes de la Fondation Saint-Simon, par exemple, de celles des Clubs Condorcet qui passent pour «plus à gauche», c'est-à-dire moins à droite. Il n'est pas jusqu'au Parti communiste lui-même, longtemps accusé d'entretenir la division et de favoriser la subversion, qui ne joigne sa voix au chœur des pleureuses gémissant sur l'effritement du «lien social»

Le Parti de la cohésion française ?

Bien sûr, les coupables sont clairement désignés : le néo-libéralisme, la mondialisation du capital, la spéculation financière sans frontières, l'Europe de Maastricht, la marche forcée vers la monnaie unique, les privatisations à tout va, le démantèlement des conquêtes sociales... Autant de ferments de désagrégation de l'économie nationale et donc du «tissu social» hexagonal. Mais ces dénonciations rituelles, destinées avant tout à mobiliser les militants et à galvaniser l'électorat, ne débouchent pas sur une attaque en règle contre l'«économie de marché» en tant que telle dont la logique délétère ne cesse de détruire à l'échelle mondiale ce «lien social» que l'on s'acharne à recréer au plan local. Tout au plus, évoquera-t-on, sur le mode de l'incantation, une «autre politique», comme si la marge de manœuvre laissée aux dirigeants de chaque pays laissait place à une véritable alternative.

En attendant le jour faste où une énième coalition de gauche accédera au pouvoir, le PCF s'échine avec une louable persévérance à colmater autant que faire se peut les brèches sociales qui ne cessent de s'ouvrir sur les territoires sinistrés où il est encore municipalement présent. Un rôle de préposé aux bonnes œuvres progressistes dont chacun s'accorde à reconnaître l'utilité, toutes tendances politiques confondues, extrême droite mise à part, bien entendu. Certains esprits futés vont jusqu'à y discerner la vocation tout indiquée d'un Parti communiste «rénové» soucieux d'épouser les réalités de son temps.

À la veille de la fête de *L'Humanité* de 1996, où il avait été invité à «animer» l'un des innombrables débats «face au public» dont le PCF s'est fait une véritable spécialité depuis son ralliement au principe de «transparence démocratique», l'éditorialiste tout terrain Alain Duhamel avait dessiné à grands traits la mission nouvelle du Parti : contribuer à «reconstituer le lien social effiloché et rongé par la crise». Inscrire désormais son ambition dans cette «perspective prométhéenne» *[sic]* ferait du PCF un «parti sociétal»[3].

Puisée dans le jargon sociologique, ce qualificatif est bien dans l'air consensuel du temps. Notion englobante et unificatrice, elle s'oppose à une autre, plus vulgaire, le «social» ou, pire encore, «la sociale», avec ses relents de revendication, de contestation, voire de révolution. Le «sociétal», au contraire, renvoie à la «cohésion sociale» qu'il s'agit de sauvegarder, lorsque le «social», justement, à savoir le maintien des conquêtes sociales, ne peut plus être assuré.

La période serait en effet révolue où le PCF pouvait essayer de jeter les bases d'une «contre-société». Il doit au contraire, désormais, s'attacher à «réintégrer au sein de la société les victimes de la crise, ceux qui se trouvent en situation de pauvreté, de précarité ou de vulnérabilité[1]». Une révision drastique de sa raison d'être qu'exprimerait le contraste entre la personnalité de Georges Marchais et celle de son successeur, Robert Hue. Incarnation de «la querelle permanente», le premier, avec son visage renfrogné ou ses ricanements sarcastiques, était la «vindicte personnifiée», symbole presque caricatural de la ligne sectaire d'un parti toujours sur pied de guerre civile froide. La mine joviale qu'affiche le second montre bien au contraire que l'heure est dorénavant à la conciliation, sinon à la réconciliation, comme le confirme l'indice de popularité de l'actuel secrétaire national parmi les Français. Sur sa lancée, Alain Duhamel en concluait même que M. Robert Hue avait «bel et bien une tête de lien social»[5]. Laissons aux Guignols de l'info le plaisir de broder les variations qu'appelle cette métaphore osée. À prêter de la sorte au visage réjoui du chef de file du PCF le don effectif de renouer les fils du tissu social déchiré, la métaphore de la «tête de nœud» serait sans doute plus appropriée. Toujours est-il qu'après avoir voulu à tout prix en découdre, voici que la vocation du PCF serait désormais de tout recoudre!

En attendant, si elle n'est pas «prométhéenne», la tâche à laquelle doivent s'atteler Robert Hue et les siens ne s'annonce pas de tout repos. Il s'agit, ni plus ni moins, de se remettre à labourer d'arrache-pied des terres bétonnées que les élites de gauche avaient quelque peu négligées, tout au plaisir de pouvoir fouler, comme en terrain conquis, les parquets et les tapis des ministères ou des somptueux palais édifiés à la gloire du nouveau «pouvoir local». À laisser tomber en friches des territoires urbains aussi désolés que la population qui y subsistait, la mauvaise herbe du Front national n'avait pas tardé à y pousser. Alain Duhamel ne faisait par là que reprendre une ritournelle maintes fois entendue parmi les militants «socialistes».

À trop se prélasser aux sommets de l'État, leurs leaders avaient laissé la base en plan. Le ralliement des barons du PS à une «culture de gouvernement» revenait à mettre leurs propres terres en jachère, le Front national en profitant pour engranger les voix des mécontents. Loin de s'en prendre comme elle l'avait promis au «ventre encore fécond» du capitalisme, lorsqu'elle était au pouvoir, la gauche gouvernante n'avait, en effet, rien trouvé de mieux que de l'engraisser. Quitte à pourfendre verbalement la «bête immonde» qui en avait resurgi comme si sa réapparition était le fruit d'une génération spontanée. «Jean-Marie Le Pen et ses troupes occupent le terrain. Ils font du porte-à-porte, prêts à entendre les vraies misères. Il faut retrouver la proximité, le militantisme de base, frapper chez les gens», clament aujourd'hui les nomenklaturistes roses, pressés de retrouver les ors des palais gouvernementaux à la faveur d'une prochaine consultation électorale. D'où la nécessité pour eux de se remettre «à l'écoute des masses», aurait-on dit à l'époque où elles étaient censées «faire l'histoire» avant que la noblesse d'État et le patronat, redevenu de droit divin grâce à la «réhabilitation» de l'entreprise, ne les en évacuent. Ce qui a permis au FN de tisser sa toile. À fabriquer, certes, du «lien social» mais à sa manière, celle d'une araignée entremêlant les fils de la haine et de «l'exclusion».

Au PCF, donc, seul parti de gauche à enracinement véritablement populaire, de renouer avec «une action militante permanente qui, sur le terrain, rompt l'isolement, diminue l'anxiété, reconstitue les mécanismes et la conscience de la solidarité[6]». L'«objectif de reconquête» ainsi fixé au PCF n'implique, comme on le voit, aucun retour à un passé belliqueux. Plus question de quadriller et d'enrégimenter les cités ouvrières en faisant miroiter à nouveau aux plus humbles et aux plus éprouvés «une société de rechange chimérique». Comme l'expression le suggère, si la «terre de mission» sur laquelle le PCF est encouragé à se déployer doit lui permettre de «retrouver un rôle», ce n'est pas en tant qu'organisation révolutionnaire. «Mission accomplie», pourront dire les communistes à l'issue d'une élection législative partielle dans une commune du Midi.

«Les leçons de Gardanne», titrait un éditorialiste du *Monde*, au lendemain de la victoire du candidat communiste face à celui du Front national. Parmi ces «leçons» figurait le bien-fondé d'un «travail de terrain», à l'écoute des «souffrances» des habitants, seul moyen de combler le fossé entre les élites et le peuple où le «populisme» de Jean-Marie Le Pen avait prospéré. Ce qui n'empêchait pas le signataire de l'éditorial de déplorer la tonalité «anti-maastrichtienne» de la campagne menée par le «pôle de radicalité» constitué avec le renfort de la LCR, ainsi que l'absence de «propositions générales». Qu'il se rassure ! Au cours de la semaine qui suivit, le souci de ne pas rompre par avance l'alliance électorale obligée avec le PS amènera la direction du PCF à lever le préalable du refus de Maastricht. Quant au «pôle de radicalité», formé pour la circonstance, c'est-à-dire pour une circonscription à gagner, il sera vite renvoyé aux oubliettes d'un commun accord entre Robert Hue, Jean-Pierre Chevènement et

Dominique Voynet. «Face à Le Pen, la gauche doit être franchement à gauche», avait pourtant proclamé l'historien communiste «refondateur» Roger Martelli, tirant les leçons du scrutin de Gardanne[7]. Il semble que ce soit plutôt mal parti. Au train où vont les choses, c'est-à-dire les concessions de la gauche au «réalisme» gouvernemental, Le Pen ou ses émules ont encore un bel avenir devant eux. Un avenir qui ne risque guère d'être assombri par les multiples «projets» urbanistico-architecturaux ou culturalo-récréatifs qui ne cessent de fleurir «au pied des HLM» depuis une quinzaine d'années pour y «réinsuffler le sens du collectif».

Le lieu et le liant

On savait que le XXIe siècle serait religieux. Mais certains prophètes nous ont annoncé aussi, comme on l'a rappelé, qu'il serait «urbain». Or, tout indique que loin de se contredire, l'une et l'autre vocation peuvent faire bon ménage.

À écouter, en effet, les sermons d'un philosophe qui a embrassé la cause de la «civilisation urbaine» après avoir jeté son froc et sa défroque maoïstes aux orties, la «question des banlieues» n'est pas une «question sociale», mais «le surgissement de la question de la sociabilité comme telle». Se référant à Rousseau après n'avoir jadis juré que par Marx et ses épigones autoproclamés, il nous signale fort justement que «le lien social ne se réduit pas à un contrat social», et qu'il faut, par conséquent, «quelque chose de plus». Qu'est-ce à dire? Tout simplement «l'ensemble des rites et des lieux qui permettent aux citoyens de se rassembler et d'échanger, seule façon d'habiter sa citoyenneté».

Il faut vraiment avoir la foi du charbonnier pour croire encore aujourd'hui à pareilles billevesées. Le prédicateur cité ci-dessus a été un inspirateur et un propagandiste convaincu des missionnaires de Banlieues 89 qui avaient pris leurs bâtons de pèlerins pour mener les quartiers dégradés sur la voie de la rédemption à coups d'interventions architecturales et urbanistiques. En dépit de leurs bavardages prolixes, la bonne parole dont ils étaient porteurs peut se résumer en une formule : pour «cimenter» une société en voie de se fissurer, il suffit de couler le béton autrement[8]. Tous ont pu constater, même s'ils feignent comme à l'accoutumée de n'avoir rien vu, que le «quelque chose de plus» apporté sous forme d'opérations de «requalification» avait coûté assez cher — même s'ils attribuent leurs échecs à «l'insuffisance des moyens» —, sans rapporter gros pour autant. Sauf à eux-mêmes, financièrement, et aux élus locaux, électoralement, qui avaient vu là un moyen de rendre visible la lutte qu'ils étaient censés mener contre «l'exclusion».

Des «lieux» nouveaux ou rénovés ont bien été aménagés pour étendre et embellir l'espace public urbain. Des rites ont également été institués : célébrations et commémorations, défilés, kermesses et carnavals, expositions et spectacles en plein air, etc. Beaucoup de monde pour mettre en scène cette convivialité citadine retrouvée et plus encore pour y «participer». Mais le «lien social» en sort-il durablement renforcé? La «citoyenneté» est-elle vraiment au rendez-vous?

Sans doute les améliorations du cadre de

vie et les festivités programmées par les édiles sont-elles bien accueillies par la population. Mais elles n'ont pas dissuadé pour autant nombre d'adolescents et même, de plus en plus, de jeunes enfants de persister, dans les mêmes lieux mais à d'autres moments, à «se rassembler et échanger» en vue de finalités et selon des modalités qui n'obéissent guère aux canons de la «religion civile». Déprédations, agressions, racket, vols à l'arraché ou à la roulotte, tabassages d'enseignants, «rodéos» en voitures empruntées avec ou sans incendie à la clef, rixes entre bandes, caillassages de véhicules de pompiers ou de police, échauffourées avec les forces de l'ordre, assauts de commissariats... Le train-train de la «violence urbaine» ne s'est pas interrompu, loin de là. La multiplication et l'aggravation des incidents sont même allées de pair, comme chacun sait, avec leur banalisation. Quant aux parents, les taux d'abstention records et les scores appréciables du Front national, en phase avec ceux du chômage, pour ne rien dire de la non-inscription sur les listes électorales malgré le battage «civique» orchestré en direction des nouvelles générations, montrent que pour eux comme pour leur progéniture, la «religion civile» demeure quelque peu abstraite. À croire que l'on a affaire à d'indécrottables mécréants! À moins que l'entêtement soit du côté de ceux qui prétendent les convertir?

«Il faut les occuper.» Un mot d'ordre en forme de mot de passe. De Pierre Mauroy à Jacques Chirac en passant par Philippe Douste-Blazy et Martine Aubry, les responsables politiques de droite comme de gauche ne cessent de se le transmettre depuis que «les banlieues» et surtout leurs jeunes résidents sont devenus un «problème de société». Ce qui pose problème, en l'occurrence, ce n'est cependant pas, comme on l'imagine encore naïvement, l'inactivité forcée à laquelle ils sont condamnés. N'est-elle pas la conséquence regrettable mais inévitable de la «crise du travail», rançon également inévitable, certes, mais prometteuse en même temps, d'un «changement civilisationnel» qui, lui, ne peut être que bénéfique ?

Selon certains augures, en effet, les gains de productivité permis par l'explosion des nouvelles technologies libéreront à terme l'homme de la malédiction séculaire qui l'obligeait à gagner sa vie à la sueur de son front. À l'horizon, ni plus ni moins que la «civilisation du temps choisi», promise à un aussi bel avenir, sous le capitalisme, que la «civilisation du temps libre» annoncée hier et dont les millions de sans-travail ou de travailleurs condamnés au temps partiel «contraint» peuvent goûter les bienfaits aujourd'hui.

Si l'inactivité constitue néanmoins un problème, c'est parce qu'elle n'est malheureusement pas synonyme d'inaction donc de tranquillité pour l'ordre public. Elle pousse au contraire les jeunes sans emploi ou en situation d'«échec scolaire» à agresser, à chaparder, à trafiquer, bref à «traîner» et à «casser». De là l'une des réponses favorites des Princes, grands ou petits, de la République aux criailleries de la populace des cités : «Ils réclament des emplois? Donnez leur des "occupations" !»

Passons sur les «petits boulots», «stages de qualification» et autres «emplois d'utilité publique», qui peuvent — c'est devenu un truisme de le rappeler — à la rigueur aider à survivre, mais ne donnent sûrement pas une raison de vivre. Passons également, mais nous y reviendrons, sur les innombrables emplois liés à la «prévention», facette soft du contrôle social. Ouverts en partie à des individus issus du milieu à encadrer, ils n'ont cessé de proliférer. Mais, par définition, tous les contrôlés ne peuvent se convertir en contrôleurs, même si — nous en reparlerons aussi — c'est là le rêve de certains adeptes d'une «citoyenneté renouvelée». Passons ausssi sur le bénévolat «autogéré» préconisé par les fans de l'«économie solidaire» où l'on demande aux assistés d'assister plus misérables qu'eux. Il faut être énarque ou sociologue pour ne pas comprendre qu'il suscite peu de vocations parmi les jeunes.

Au-delà des discours d'accompagnement, le diagnostic sous-jacent qui fonde une bonne partie des actions menées dans le cadre de la «politique de la ville» est toujours le même. L'oisiveté, comme chacun sait, est la mère de tous les vices. Or, faute d'équipements, d'institutions et d'«activités» — à ne pas confondre avec les emplois ! — adaptés, la banlieue est devenue elle-même mère de l'oisiveté. Dès lors, la voie à suivre est toute tracée : priorité aux loisirs, au sport, au divertissement, à la culture. Au «hors travail», en somme, c'est-à-dire à la gestion du non-emploi.

C'est ainsi que pour la jeunesse désargentée des cités, «innovations» et «expériences» pour occuper leur temps libre se succèdent à un train d'enfer. Leur lancement suscite toujours parmi les journalistes des enthousiasmes de commande, suivis quelques mois plus tard de constats attristés ou désabusés quand les «bénéficiaires» font à nouveau parler d'eux avec leurs jeux dangereux. Pistes de skate-board, «playgrounds» et murs d'escalade pour les uns. Salles de danse pour le hip-hop et studios de répétition pour les groupes de rap, clubs vidéo ou photos, ateliers de réparation de mobs et de motos pour les autres. Et une foule d'éducateurs, d'animateurs, de moniteurs et autres G.O. associatifs pour que la chaude ambiance ainsi créée dans les «cités» les empêche d'entrer en ébullition.

Néanmoins, les «murs d'escalade» n'ont pas toujours été à la hauteur de ce que l'on attendait d'eux. À Vaulx-en-Velin, par exemple, celui qui avait été inauguré en grande pompe en octobre 1990 n'a pas empêché l'escalade de la violence quelques jours plus tard. Les pistes de skate-board aménagées dans les «cités» ne dissuadent pas toujours les «planchistes» d'aller occuper en force ou de caillasser, quand ils en sont refoulés, les bus qui pourraient les amener au centre-ville. Lieux de rendez-vous très commodes pour les dealers, les «playgrounds» peuvent aussi faire l'obet de conflits d'appropriation entre bandes qui les transforment en cages aux fauves. Et l'on ne compte plus parmi les amateurs de réparation mécanique ceux qui se sont découvert sur les «plateaux-motos» une vocation de professionnels du «bricolage» d'engins volés. Quant à la musique, on a pu constater qu'elle ne réussissait pas toujours à adoucir les mœurs.

Devant ces échecs, «acteurs» et «observateurs» en concluent souvent que la «crise du lien social» est plus profonde qu'on ne le pensait. Mais si l'on entend fuser une fois de plus leurs déplorations de le voir «se distendre» ou se «déliter», nul ne s'avise d'admettre qu'en bien des endroits il est déjà rompu, si tant est qu'il ait jamais existé. Et qu'en d'autres, il ne tient plus, si l'on ose dire, qu'à un fil. Et surtout, il ne vient à l'esprit de personne que toutes les manifestations de la «violence urbaine», des plus spectaculaires aux plus vénielles, puissent exprimer des contradictions sociales que le prisme du «lien social» a justement pour fonction d'escamoter.

Certes, qui dit «contradictions» dit classes, intérêts, antagonismes, revendications, luttes. Or, qui aurait la fâcheuse idée de recourir à une terminologie aussi datée que manichéenne? D'autant que la «violence urbaine» qui se répand dans nos démocraties pacifiées ne cadre nullement avec une grille d'analyse où la société — rebaptisée «formation sociale» dans le dialecte marxiste de l'époque — se voyait appréhendée avant tout au travers des divisions et des oppositions qui la «structuraient». Les mutations qu'elle a subies depuis lors n'ont-elles pas ôté toute pertinence à ces découpages? Tout se passe comme si, sur le plan théorique — pour ne pas dire idéologique —, les clivages entre dominants et dominés s'étaient définitivement évanouis, comme engloutis dans la «fracture» qui se serait ouverte au beau milieu de notre société.

De par ses connotations géologiques ou médicales, cette métaphore et ses équivalents («cassure», «faille», «fossé»...) participent de procédés pas très neufs de naturalisation et de dénégation des contradictions sociales. Mais elle permet aussi d'exorciser le spectre de la confrontation. D'une part, on postule implicitement «en creux», si l'on peut dire, l'existence d'un monde social «normalement» uni, d'une «société de semblables» placée sous le signe de l'interdépendance et de la complémentarité, la dissociation apparaissant dès lors comme l'exception temporaire à la règle de la «cohésion sociale». D'autre part, l'alternative qu'implique l'approche en termes de «lien social» réside entre le «rapprochement» (ou le «resserrement») et l'éloignement, et non plus l'affrontement possible. Comme si les inégalités socio-économiques de plus en plus marquées qui séparent les individus ou les groupes avaient pour effet de créer entre eux un no man's land, de les isoler dans des univers non seulement distincts mais aussi distants. D'où l'étonnement renouvelé des commentateurs patentés à chaque fois que la révolte des damnés de la ville capitaliste «dégénère» en «violences urbaines» ou quand l'intensité de ces dernières monte d'un cran. Là où ils ne croyaient déceler qu'une «ligne de fracture», voilà que surgit une ligne de front. Avaient-ils rêvé par hasard d'une «cassure» sans «casseurs»?

NOTES

1. *Sciences humaines*, n°13, mai-juin 1996.
2. Cf. Jean-Pierre Garnier, «"L'exclusion" ou comment évacuer la domination», in *Des barbares dans la cité, op. cit.*
3. Alain Duhamel, «PC : la vocation d'un parti sociétal», *Libération*, 15 septembre 1996.
4. *Ibid.*
5. *Ibid.*
6. *Ibid.*
7. *Le Monde*, 22 octobre 1996.
8. Sur cette équipée non pas sauvage mais au contraire civilisatrice en banlieue, ses tenants et ses aboutissants, nous renvoyons au chapitre «La ville en rose» de notre ouvrage déjà cité.

LES ILOTES FACE À L'ÎLOTAGE

«Autrefois, on ne conspirait que contre un ordre établi. Aujourd'hui, conspirer en sa faveur est un nouveau métier en grand développement.» L'essor foudroyant des «professions de la ville», en réponse à la «crise des banlieues», allait confirmer ce jugement de Guy Debord au-delà de toute attente.

Il fut une époque où la notion de militantisme participait d'une vision combative, pour ne pas dire militaire, de l'«engagement» politique, autre terme aux connotations «militaristes». Militer, c'était avant tout lutter, que ce soit pour changer la société ou changer de société. Avec la mise sur orbite de la «politique de la ville», le militantisme revêt un sens tout autre. On ne milite plus pour modifier, voire bouleverser l'ordre des choses mais pour enrayer les «désordres urbains» qui pourraient le déstabiliser. Voilà du moins ce qui ressort de nombre d'études et de rapports pondus à la commande par des «évaluateurs» de la «politique de la ville».

Rescapés pour la plupart de la gauche «anti-autoritaire» des années 70 — encore que l'on trouve parmi eux d'anciens adeptes du léninisme —, ils ont intégré les rangs de cette armée de «petits clercs» envoyés par l'État remettre de l'ordre dans les «cités». Après avoir opéré les retournements de veste qu'impliquait leur nouveau rôle de conseillers en «développement social urbain», il ne restait plus qu'à «théoriser» leur reconversion à l'aide de détournements de langage appropriés.

«Il y a toujours sur le terrain des gens formidables prêts à se battre», s'émerveillait Simone Veil, éphémère ministre de la Ville du gouvernement Balladur. Un constat qui pourrait apparaître pour le moins simplet, si la thématique du «foisonnement militant» auquel donne lieu la «politique de la ville» n'était reprise, développée et délayée par des gens réputés savants, avec la sophistication de l'argumentation et le langage ampoulé qui donnent du poids aux pires banalités.

«Conviction», «courage», «force de caractère», «persévérance», «obstination»... Les chercheurs ne tarissent pas d'éloges à l'égard des «acteurs», «intervenants» et autres «médiateurs» chargés par «l'État animateur» de faire le lien — et, par là, de «faire lien» — entre les «dispositifs» mis en place pour favoriser l'«intégration urbaine des quartiers défavorisés» et les habitants de ces derniers. «Individus libres et responsables», ces activistes de l'insertion ne seraient soumis qu'à la «justesse de la cause qu'ils défendent, celle du retour en dignité des exclus».

L'époque est déjà loin où les auteurs de ces panégyriques édifiants identifiaient l'action socio-éducative et l'animation culturelle en milieu populaire comme des «appareils idéologiques d'État», et où ils culpabilisaient ceux qui s'y activaient en les désignant comme «agents du contrôle social». Aujourd'hui, qu'il s'agisse d'un chef de projet, d'un coordinateur de «zone d'éducation prioritaire», d'un chargé de mission à l'insertion économique ou d'un gestionnaire de HLM, tous «militent». Un enseignant qui organise de son propre chef un groupe de soutien scolaire avec les parents d'élèves est un «militant». Un commissaire de police qui met sur pied un réseau de «grands frères» est aussi un «militant». Certes, tous ces «acteurs» sont aussi — et d'abord, ajouterons-nous — des «professionnels». Aussi «libres» soient-ils, ils dépendent tout de même des institutions qui les emploient : directions ministérielles, régions, départements, communes, institutions parapubliques, organisations privées agréées... Mais, pour peu qu'ils «se responsabilisent à leur rôle social», ils seront considérés comme des militants. Cela tombe bien puisque c'est justement ce qu'attendent d'eux leurs autorités de tutelle.

Loin de s'arrêter en si bon chemin, certains tresseurs de lauriers en rajoutent une louche en mettant en avant «la double position subversive ou critique» dans laquelle s'installerait un chef de projet ou tout autre «professionnel de l'intervention sociale» : contre l'administration «en sa logique bureaucratique» ou contre le pouvoir local «en sa forme népotique ou clientéliste». Quitte à admettre qu'il s'agit là de «dysfonctionnements» dont l'élimination conditionne la pleine efficacité des «dispositifs» mis en place pour «policer» les sauvages qui sèment le trouble à la périphérie des villes. On l'aura compris : certains mécanismes d'ordre doivent être contestés pour permettre à l'ordre de mieux régner. «L'établissement des normes de gouvernance dans les cités» est à ce prix! Le summum est atteint quand on enrobe de justifications «émancipatrices» le renforcement continuel du quadrillage dont les «quartiers difficiles» font l'objet : inciter les habitants à «prendre la parole», leur «apprendre à devenir autonomes», les aider à «bâtir des projets», bref, faire en sorte qu'ils «se sentent acteurs du développement de leur quartier».

À en juger par la «passivité» de la majorité d'entre eux ou les acting-out plus ou moins violents d'une partie des plus jeunes, ils ne semblent pas dupes de cette dramaturgie «citoyenne». Quant à ceux qui ont accepté de faire quelques apparitions sur la scène, c'est tout au plus, ainsi que le déplore une sociologue-consultante, comme «cobayes des dispositifs et miroirs des politiques mises en œuvre». Encore conviendrait-il de ne pas se méprendre sur le sens des «expériences» menées avec eux ou plutôt sur eux. Et, par conséquent, sur le rôle imparti aux «exclus» dans ces prétendus «laboratoires de la Cité future» que seraient les «quartiers sensibles» mis sous perfusion. Celui, précisément, comme le souligne un philosophe, de «tiers exclu sur lequel s'expérimentent les nouvelles technologies de renormalisation de l'irrégulé[1]». Une remarque dont les expert ès exclusions et autres «professionnels de la ville» seraient bien en peine de contester le bien-fondé.

Manager la «misère du monde» pour ménager le monde qui engendre pareille misère, voilà à quoi peut se résumer la raison d'être ultime de la «politique de la ville». Tout le reste est littérature. Ce qui, il est vrai, n'est pas négligeable. Jour après jour, études, rapports, articles, ouvrages continuent de s'accumuler, pour ne rien dire des flots de discours non transcrits. Mais une telle prolifération s'explique puisqu'elle participe elle-même à la «rationalisation» de cette politique de la ville, c'est-à-dire à son perfectionnement et à sa légitimation[2]. De l'avis même de ses promoteurs ou de ses supporteurs, dans cette politique, «les mots comptent au moins autant que les choses».

On pourra juger «polémiques», voire «injurieuses» les appellations de «flicologues» et de «socio-flics». Elles firent pourtant florès dans les années 70 où, dans la foulée de la «révolution de mai», nombre de sociologues et de travailleurs sociaux refusaient le rôle de supplétifs de la normalisation que leur fonction les amenait à jouer. Dans une *Lettre à une étudiante* , le gourou de la «sociologie de l'action» — au service du changement social dans la continuité capitaliste — n'avait pas hésité, pour des raisons demeurées obscures, à justifier le bien-fondé de ces épithètes infamantes, sans aller toutefois jusqu'à se les appliquer. «Aujourd'hui, écrivait-il, l'intellectuel ne peut plus être un clerc, un conseiller du Prince, un interprète de l'ordre des choses et de la société : ou il exerce une pensée critique ou il est un flic.»

«Aujourd'hui», c'était hier, c'est-à-dire il y a plus de vingt ans. Depuis lors, les chercheurs en sciences sociales n'ont cessé de jouer les clercs auprès des pouvoirs, de droite comme de gauche. De conseiller ministres, hauts fonctionnaires, élus locaux, dirigeants d'organismes gestionnaires et d'associations confrontés à la rude tâche de pacifier le champ urbain. Certains officient à l'Institut des hautes études de la sécurité intérieure tandis que d'autres participent à la formation des éducateurs, des magistrats et des policiers envoyés au charbon dans les cités. «Critiques» de l'ordre des choses et de la société, ils le sont assurément, mais seulement pour attirer l'attention des autorités sur les «insuffisances», «inadaptations» et autres «dysfonctionnements» qui, à se perpétuer, pourraient fragiliser ce qu'il convient de consolider. Bref, à la différence de Marx, que beaucoup exècrent après l'avoir jadis adoré, c'est à conserver le monde que visent les interprétations qu'ils en proposent.

«Contre l'État, les sociologues? Oui, sans doute, tout contre.» Par cette réponse ironique, l'un d'entre eux remettait à leur juste place les prétentions «critiques» de ses confrères[3]. Cependant, à l'instar de l'ouvrage dont elle résumait la conclusion, la remarque a beaucoup perdu de son actualité. «La complicité querelleuse entre les planificateurs et les sociologues» que l'auteur s'était plu à souligner a fait place à une entente cordiale. Et cela d'autant plus facilement que nombre de chercheurs sont venus entre-temps grossir les rangs des «planificateurs».

Certains ex-marxistes ou ex-gauchistes qui pourfendaient naguère l'«urbanisation monopoliste» officient aujourd'hui en bonne place dans les organes de la recherche bureaucratisée.

Laquelle ne se contente pas de «programmer», c'est-à-dire de stimuler, orienter et encadrer l'activité des chercheurs à coups d'appels d'offre, de plans interdisciplinaires, de colloques, de séminaires et de publications. Elle participe aussi, même si nombre d'entre eux se plaignent rituellement de ne pas être assez écoutés des «décideurs», à la programmation du cadre de vie, comme de la manière de vivre des habitants à qui il s'agit précisément d'enseigner les bonnes manières, celles de la civilité citadine. Par conséquent, l'époque est bien révolue où les chercheurs-militants pouvaient jouer sur les deux tableaux : se mettre «au service des luttes urbaines» et autres «nouveaux mouvements sociaux», et, en même temps, par contrats de recherche interposés passés avec l'État, jouer en quelque sorte auprès de lui le rôle d'agents de renseignement[4].

Face à la «violence urbaine», le double jeu n'est plus de mise. Ou, plus exactement, il ne doit plus s'effectuer aux dépens de l'État mais à son avantage. On fera mine de prendre le parti des habitants et notamment des plus remuants, les «jeunes en difficulté», pour les assujettir en douceur aux «normes de gouvernance» élaborées à leur intention. «Donner à ces jeunes les moyens de communiquer, d'échanger avec d'autres, et d'exprimer leur mal de vivre, c'est les aider à comprendre leur révolte pour la transformer en une action positive.» Bref, veiller à ce qu'ils deviennent des «acteurs» au lieu de se comporter en mauvais joueurs, ce qui implique que l'on ne confonde pas «animation» avec agitation. On l'aura compris : si l'on fait appel aux chercheurs pour analyser la «crise des banlieues», c'est bien sûr pour qu'ils aident à calmer le jeu.

Bien qu'ils affirment camper sur des positions exclusivement scientifiques, les chercheurs font donc eux aussi, à leur manière, œuvre de «militants». À cet égard, les «théorisations» visant à présenter l'ensemble des «acteurs» de la «politique de la ville», magistrats et policiers compris, comme autant de figures d'un militantisme d'un nouveau genre peuvent être interprétées comme autant de plaidoyers *pro domo*. Quelles que soient leurs réserves et leurs critiques à propos de la manière dont le combat est engagé «en faveur des exclus de la Cité», ou plutôt en raison même de celles-ci puisque c'est pour cela qu'ils sont payés, tous s'inscrivent sans réticence aucune dans la mobilisation générale décrétée en haut lieu pour empêcher le «lien social» de claquer à la figure des gouvernants et des possédants de cette société.

Cet engagement implique cependant quelques servitudes — terme à prendre avec ses connotations ancillaires — qui mettent un peu à mal la posture de neutralité sereine qu'affectionnent les chercheurs. Nombre d'entre eux, par exemple, se laissent aller à vilipender, sur un ton souvent fort peu amène, les «médias» — réduits à la télé et à la «grande presse» — pour atteinte au moral des troupes parties en guerre contre «l'exclusion». Avec leurs exagérations stéréotypées, leurs simplifications caricaturales et leurs généralisations hâtives, les journalistes ne contribuent-ils pas à la «stigmatisation» des «quartiers défavorisés», entravant ainsi les «actions réparatrices» qui visent à les «requalifier»?

On n'hésitera pas, en revanche, à disqualifier les rebelles les plus rétifs aux opérations de pacification menées dans le champ urbain. À commencer par ces jeunes qui, tablant justement sur la réputation sulfureuse de leurs cités, ne trouveraient rien de mieux, comme le note un politologue déjà cité, que de «revendiquer, par provocation, en l'exagérant, l'image négative du quartier». Pour le plus grand profit, paraît-il, d'une petite pègre de trafiquants qui voudraient en faire une «zone de non-droit».

À l'égard des barbares irréductibles à l'entreprise civilisatrice menée jour après jour dans la Cité, la compréhension et l'indulgence ont, en effet, des limites. Certes, la «galère» à laquelle ils sont condamnés ne les porte guère à voir la ville en rose, comme ne se font pas faute de le rappeler les chercheurs qui se sont abattus en nuées sur leurs cités depuis une vingtaine d'années. Faut-il pour autant rester les bras croisés devant les irrégularités et les débordements? On sait bien que non. Qu'ils mettent la main à la pâte en tant qu'«hommes — ou femmes — de terrain» ou à la plume en tant que correspondants du front, chercheurs et «acteurs» ne doivent jamais perdre de vue la mission qui leur a été confiée : faire rentrer tout le monde dans le rang. Quitte à ne pas prendre de gants avec les récalcitrants.

Dans les revues de recherche urbaine, on ne compte plus aujourd'hui les «papiers» célébrant sans retenue les mérites des actions et des structures «de proximité» à finalités «sécuritaires» : antennes de prévention, maisons de justice, îlotage... Dans les multiples études et rapports où ils analysent les «dispositifs» destinés à améliorer le couplage de la prévention et de la répression, des auteurs se félicitent que les policiers puissent, à cette occasion, se découvrir des vocations d'animateurs, à charge pour les travailleurs sociaux d'accepter en retour que certaines activités ou attitudes que la loi, sinon la morale, réprouve soient punies sans états d'âme excessifs. Juste retour des choses car, contrairement à une présentation courante, le «social préventif» n'est pas une «alternative» au maintien de l'ordre, mais participe de ce dernier puisqu'il vise à éviter les désordres.

D'autres chercheurs se sont taillé une réputation de découvreurs en allant explorer le champ illimité des «incivilités» pour y traquer les malappris qui, «sans être des délinquants», n'en empoisonnent pas moins la vie quotidienne des braves gens : attitudes menaçantes, propos injurieux, laisser-aller provocateur, déprédations «pour le plaisir»... En laissant ces «petites violences ordinaires» impunies, la passivité d'une population trop apeurée pour remettre leurs auteurs à leur place ne ferait qu'entretenir, au dire des spécialistes en insécurité, un climat de laxisme résigné propice à la recrudescence d'une véritable «violence urbaine». Quand celle-ci fait à nouveau irruption sous des formes et avec une force imprévues par ceux-là mêmes qui en ont fait leur créneau scientifique, les spéculations hautement théoriques laissent souvent la place à des considérations au ras du bitume qui semblent faire écho à ce que l'on entend dans les commissariats : «banditisme social», «professionnels de la délinquance», «actes prémédités de groupes organisés venus de l'extérieur»...

Certains chercheurs s'irriteraient-ils de ces soubresauts de l'actualité banlieusarde qui, en les prenant au dépourvu, les rappellent sans préavis à l'ordre brutal et prosaïque de la réalité? Il ne faudrait, en effet, guère les pousser pour qu'ils fassent leurs, en ces circonstances mouvementées, les appréciations à l'emporte-pièce d'un Jacques Chirac à propos des attentats commis par de jeunes musulmans égarés dans le terrorisme islamiste, ou d'un ministre de l'Intérieur au lendemain de l'assassinat en plein centre-ville d'un adolescent marseillais par un autre venu des quartiers nord. Pour les bien-pensants comme pour les penseurs qui n'en constituent qu'une variante plus cérébrale, la «sauvagerie» de ces actes qualifie leurs auteurs : des «bêtes fauves». Ce qui n'empêchera pas les mêmes de refuser comme désuète et réductrice la métaphore de la «jungle» pour définir les relations humaines au sein d'un capitalisme dont beaucoup s'accordent pourtant à reconnaître l'allure de plus en plus... «sauvage».

Insérer ou enserrer ?

«Parmi les motivations qui concourent à la définition de nouvelles procédures d'intervention dans les quartiers, la crainte des troubles sociaux est certainement la plus constante dans le temps et la mieux partagée à tous les niveaux de la vie publique[5].» Cette remarque de bon sens d'un ethnologue-architecte du CNRS tranche avec le tout-venant de la prose hagiographique habituellement consacrée à la «politique de la ville». Sans doute fatigués de puiser dans le sottisier des lieux communs de la pensée conforme, à moins que ce ne soit là qu'un moyen comme un autre de se distinguer du lot de leurs collègues, les plus lucides parmi les chercheurs se décident parfois à enfreindre, ne serait-ce que partiellement, certains tabous. Et cela d'autant plus que les chapelets de mesures prises pour reprendre la situation en main dans les «banlieues» montrent de façon répétée leur inefficacité. Comme le notait l'auteur cité, les batteries de décisions administratives destinées à prévenir la révolte ont beau se succéder sans discontinuer depuis des lustres, «la normalisation espérée des banlieues» se fait toujours attendre.

À défaut de faire la lumière sur les véritables raisons qui conduisent la situation à y être de plus en plus troublée, certains chercheurs n'hésitent pas à faire ainsi litière des fausses raisons invoquées d'ordinaire pour légitimer le principe d'une intervention tous azimuts de l'État dans les banlieues. «Derrière la notion de crise des banlieues, s'avise un autre chercheur, sociologue à l'École nationale des ponts et chaussées, c'est de l'ordre social qu'il est question. De même que derrière l'impératif de l'intégration, c'est la garantie de la paix civile qui est recherchée[6].» Ce n'est évidemment pas là un scoop pour ceux qui ont toujours trouvé indigeste la tambouille «théorique» concoctée par les marmitons de la nouvelle cuisine sociologique pour enrober de sauce «démocratique» ou «humanitaire» les visées normalisatrices de la «politique de la ville». Mais il faut croire qu'à force de devoir remâcher sans fin une argumentation devenue rance pour avoir été trop servie, certains se trouvent dans l'obligation de cracher le morceau. Encore que, l'habitude et surtout la fonction aidant, ils se gardent de tirer toutes les implications politiques de leurs tardives découvertes.

Eu égard aux seaux d'inepties que les porteurs d'eau de la classe au pouvoir se croient obligés de déverser pour noyer le poisson de la domination, il est assez osé d'admettre qu'à travers l'action des pouvoirs publics «en faveur» des «zones urbaines sensibles» — dernière dénomination en date des poches de pauvreté —, c'est finalement de «l'ordre social» qu'il est question. On pourrait d'ailleurs en profiter pour signaler que c'est également de lui qu'il s'agit lorsque l'on parle de la «cohésion sociale» à préserver, antienne euphémisante que se doit d'entonner tout chercheur digne de ce nom. Toutefois, s'interroger sur le bien-fondé dudit ordre pour éventuellement le mettre en question relèverait assurément de la témérité. À l'impossible, nul n'est tenu. Aussi le chercheur cité plus haut s'empresse-t-il de neutraliser ce que pouvait avoir de déstabilisant la «révélation» des buts effectivement poursuivis par les pouvoirs publics. Pour ce faire, il les propulsera dans un éther transhistorique : maintien de l'ordre social et préservation de la paix civile seraient, paraît-il, les «éternelles questions du politique». Et non celles qui se posent à toute classe dominante lorsque sa domination suscite des résistances.

On ne saurait en tout cas mieux décrire, ne serait-ce qu'involontairement, «l'involution de la politique dans la police, la dissolution du conflit dans le brouet des recettes[7]». Bien entendu, le terme de «police» ne doit pas être pris dans son sens étroit et commun. Il ne s'agit pas de réprimer, mais d'éviter d'avoir à réprimer en faisant, comme s'en vantent les «professionnels de la ville», de la «régulation sociale». Sous cette expression significative — à défaut de résoudre la «nouvelle question sociale» on «régule» sa non-solution —, se dissimule le *nec plus ultra* en matière de domination : dévier la déviance.

Avant même qu'elle ne s'actualise, la violence potentielle des populations dites — pour cela même — «à risques» sera neutralisée grâce à un réseau de canaux de dérivation où elle perdra peu à peu sa charge perturbatrice. Les frustrations, la rancœur, la rage et la haine de gens floués par l'existence doivent trouver des «dérivatifs», mot à prendre ici dans l'acception que lui donne son étymologie. Il ne s'agit pas de contenir ces mauvaises passions mais de les canaliser par le bais d'une «ingénierie sociale» adaptée et adaptative qui les détournera de leur expression violente. Ce qui revient à «produire», notamment parmi les catégories sociales vulnérables ou instables, les attitudes et les gestes «policièrement corrects»», c'est-à-dire qui ne requièrent pas l'intervention de la police, au sens banal du terme cette fois[8].

C'est pourquoi le quadrillage s'habille de neuf en même temps qu'il s'étend et se densifie. Par exemple, pour faire perdre aux équipements de voisinage leur image de marque déprimante et dévalorisante de «locaux pour les pauvres», voire d'«abcès de fixation», on les rebaptise de labels «branchés» : plus de «centres sociaux», de «maisons pour tous» et autres MJC, mais des «antennes de quartiers», des «pôles multiservices», des «points-info»... Dans le même esprit primesautier, à l'instar des flicologues qui quittent leur costard-cravatte pour enfiler le jean et le polo ou le col roulé lorsqu'ils partent à la rencontre de leurs «sujets» d'étude, les policiers laissent de temps à autre leur uniforme pour le survêtement avant d'aller entraîner les jeunes sur les terrains de sport. Autrement dit, le pouvoir ne doit pas seulement être déconcentré, il se doit d'apparaître décontracté.

Priorité est donc donnée au consentement sur la coercition, pour reprendre une distinction classique en matière de domination, encore que l'«implication» exigée des dominés, en remplaçant la simple adhésion par une adhésion active de leur part, constitue une innovation en matière d'assujettissement. Ce qui n'empêche pas la dissuasion de prendre simultanément, ainsi que nous le verrons plus loin, des formes de plus en plus ouvertement répressives. Réticulés, ramifiés, densifiés, les «dispositifs» de normalisation doivent, pour se faire accepter, passer pour le contraire de ce qu'ils sont. S'ils ont pour fonction de «protéger», de «préserver», de «prémunir», c'est officiellement parce que la population dont ils doivent faciliter l'insertion est «fragile», «vulnérable», «en danger»... En réalité, il s'agit, pour les gardiens de la Cité, de se prémunir, de se préserver, de se protéger. Si «prévention» il y a, c'est celle des débordements possibles d'une population aux humeurs toujours imprévisibles. Autrement dit, la «fragilité», la «vulnérabilité», le «danger» ne sont pas ceux que l'on croit. Ou plutôt que l'on fait croire.

Éjectées ou écartées des filières professionnelles sérieuses et donc des emplois stables et correctement rémunérés, les nouvelles générations de laissés-pour-compte ne sauraient en effet être lâchées dans la nature, c'est-à-dire la ville qu'elles auraient vite fait de transformer en jungle urbaine. D'où la nécessité, sous couvert d'«insertion», de les enserrer dans un réseau aux ramifications proliférantes, ces fameux «dispositifs» qui quadrillent les quartiers où sont parqués les réprouvés des temps postmodernes.

Ce que l'on demande aux pauvres d'aujourd'hui, que l'on a cessé d'appeler «nouveaux» tant ils font désormais partie du paysage, c'est finalement ce que l'on exigeait des «misérables» d'autrefois. «Tout le monde veut qu'ils restent dans leur banlieue sans plus déranger personne», déclarait une assistante sociale de Stains à propos de l'objectif assigné à la «politique de la ville». Qu'ils ne viennent pas perturber la tranquillité des gens de bien. Qu'ils ne se fassent pas remarquer par des conduites agressives, des actes délinquants ou des excès violents. Qu'à défaut de prendre une part active aux «affaires de la Cité», ils se contentent d'y errer décemment. Tels des zombies, dirait-on, si l'on ne craignait pas que ces citadins en survie ne viennent demander des comptes aux vivants.

Société incivile, société indocile

«Il n'y a pas grand-chose à attendre d'une "politique de la ville" pour laquelle la jeunesse des quartiers populaires est avant tout un problème — un matériau humain difficile à "traiter"[9].» Aussi les «barbares» n'en attendent-ils plus grand-chose, contrairement à ce qu'imaginent des «intervenants» ou des «observateurs» qui deviennent parfois les dupes des illusions qu'ils s'évertuent à répandre. Aussi «dépolitisés» ou «apolitiques» soient-ils, les fauteurs de troubles savent parfaitement que les «actions» qui se multiplient «au profit des quartiers» sont une réponse à leurs propres «exactions».

Rien de tel qu'un raid sur un équipement collectif ou quelques voitures brûlées pour voir affluer les crédits. La manne débordera de la corne d'abondance étatique, en cas de débordements plus corsés : bagarres prolongées avec les forces de l'ordre, accompagnées, si possible, de pillages de magasins, voire de coups de feu. Au vu des ressources financières et humaines mobilisées pour garantir la «paix civile», ces «jacqueries sans lendemain», comme disent les spécialistes de l'«exclusion», ont tout de même des prolongements. Il en est même, comme à Mantes-la-Jolie ou à Vaulx-en-Velin, qui durent depuis déjà une vingtaine d'années!

Dans le cadre de cette «revalorisation» à l'arraché, si l'on peut dire, des cités dégradées, certains de leurs jeunes résidents optent pour des stratégies plus individualistes de promotion sociale. Comptant sur la peur des autorités de perdre le contrôle d'une situation toujours «explosive», une forte personnalité, par exemple, peut attirer leur attention en se livrant à des «exploits» qui, grâce à la publicité escomptée des médias — de plus en plus réduite, quoi qu'en disent les experts ès banlieues —, lui permettront de passer du statut peu recommandable de «meneur» à celui plus envié de «leader». Quitte à monnayer le retour au calme parmi ses «potes» contre quelque poste d'animateur ou d'«agent d'ambiance» *[sic]*. De même, nombre de chapardeurs invétérés et repérés de rayons ou d'étalages n'ont-ils pas été recrutés comme magasiniers dans les hypermarchés où ils «tiraient»! Nombre de «grands frères» chargés d'insuffler parmi les jeunes un minimum de respect envers les institutions ne doivent-ils pas leur intégration — très relative — au fait qu'ils s'étaient préalablement distingués comme «grandes gueules» indisciplinées! Certains chercheurs, finauds, parlent à ce propos d'une «instrumentalisation de la violence urbaine». Comme si la «violence», tout au long de l'histoire, n'avait pas constitué la seule force que les faibles pouvaient opposer à la violence institutionnalisée des puissants!

Même s'«ils ne revendiquent rien», comme le déplorent certaines bonnes âmes qui n'ont apparemment pas encore compris qu'il n'y a plus rien à revendiquer, les «voyous» obtiennent bien des fois quelque chose sans même avoir à le demander. Un quelque chose qui, au lieu de les apaiser, ne fait souvent que redoubler leur colère. Car ils savent bien que l'accroissement du nombre d'équipements ne signifie pas celui de leur niveau de vie, de même que la multiplication des services publics ne fait pas diminuer le taux de chômage. Ils se doutent même que ces «structures» censées favoriser leur «intégration» sont précisément mises en place pour les contrôler. Que nul ne s'étonne, dès lors, que cet îlotage combinant mise à l'écart et encadrement soit accueilli non comme une bénédiction, mais comme une provocation. Avec les ripostes idoines : locaux cambriolés, dévastés ou incendiés; éducateurs, animateurs, enseignants, policiers pris à parti, injuriés, molestés. Confrontés à une «poussée de fièvre» dans un quartier «chaud», les stratèges au petit pied de la «reconquête des banlieues» croient s'en tirer à bon compte en accordant quelques largesses comme on donne un os à ronger. Ne voient-ils donc pas que leurs bénéficiaires ne font que ronger leur frein?

Au début des années 80, dans la foulée de «la marche des beurs» vers l'Élysée, un coup de pouce fut donné au recrutement de jeunes gens issus des «quartiers à problèmes» comme «harkis» de l'encadrement socio-éducatif. Quelques mois suffirent à des «beurs» embauchés comme sous-travailleurs sociaux dans la cité de transit Gutenberg à Nanterre pour découvrir le rôle d'«éducateurs à la gomme et de petits bouffons», pour reprendre leurs déclarations, qu'on voulait leur faire jouer. Contrairement à ce que supputait un commentateur autorisé (par la municipalité?), leur refus d'assurer plus longtemps ce rôle ne provenait pas de ce qu'ils avaient «renoué avec leurs origines maghrébines». Cette anthropologie à la petite semaine fait bon marché d'un sentiment d'injustice plus ancré que jamais, malgré la «perte des repères», chez ceux qui pâtissent des inégalités. À la place de «l'insertion socio-éducative ou culturelle», ils avaient choisi, en saccageant leurs propres locaux, «de ne plus être les animateurs de la misère». Autant dire qu'ils renouaient simplement avec l'immémoriale révolte des pauvres contre leur condition.

En janvier 1997, plusieurs dizaines d'adolescents mettaient à sac un local municipal à Colombes dans le quartier des Canibouts. Suivaient les échauffourées habituelles avec les forces de l'ordre acccueillies par des jets de pierres. L'objet du litige n'était autre que le détournement d'usage opéré par les jeunes d'un lieu que la municipalité avait réservé aux sempiternelles «activités culturelles et éducatives». Elle avait jugé bon de le fermer parce que certains de ses usagers avaient osé y ajouter une activité économique «illicite» : la vente sauvage de sandwichs.

Si elle avait pris place dans un cadre autorisé, une telle initiative n'aurait pourtant pas manqué d'être saluée comme une preuve supplémentaire de ces «compétences collectives» qu'il convient de développer dans la mesure où elles «renforcent ou réactivent les solidarités de quartier». Mais, pour être reconnues, il aurait fallu que les jeunes se soumettent à ce que les plus délurés appellent «la dictature du projet». Car il n'est d'occupation légitime d'un équipement de quartier que si l'activité à laquelle on souhaite se livrer est estampillée du label «projet». «Tu veux faire quelque chose, une soirée, une bouffe, on te répond : "Monte-moi un projet"[10].» Mais il se trouve qu'au grand déplaisir des «professionnels de la ville», des responsables municipaux et des sociologues qui en ont fait leur leitmotiv, jouer le jeu du projet n'amuse nullement les «intéressés». Il en est même que cette injonction énerve prodigieusement.

Là où certains ne voient qu'«incivilités», peut-être serait-il temps, en fin de compte, d'apercevoir ce réservoir d'illégitimité qui préserve les peuples de la déchéance. Sans travail stable, sans revenu garanti, sans qualification définie, sans avenir discernable, comment les nouvelles générations de sous-prolétaires pourraient-elles faire preuve d'«autonomie» et d'«initiative», se «mobiliser» et «s'impliquer» dans un «projet»? Du moins selon «les critères rationnels de l'action publique», c'est-à-dire pour la bonne cause. Car, que ce soit en défrayant la chronique ou, le plus souvent, dans la semi-clandestinité, ils montrent que l'aptitude à agir et à réagir propre à «l'engagement citoyen» réclamée d'eux par les normalisateurs de tout poil ne leur fait nullement défaut. Hélas, ils n'en font pas bon usage.

Au travers de la façon dont la «violence urbaine» est abordée dans la littérature aseptisée des sciences sociales, perce une aversion. En témoignent l'empressement et l'entêtement dont les chercheurs font montre à imaginer un «terrain» ou une «scène» où la confrontation brutale pourrait céder la place à des face-à-face moins heurtés, des «disputes réglées», pour reprendre une expression en vogue. Sans doute ce souci réitéré de «pacification» est-il conforme à la mission impartie à l'expert : contribuer à institutionnaliser et donc à neutraliser la contestation de l'ordre établi. Mais, à l'instar de la bourgeoisie dont elle partage désormais largement les réticences et les appétences, la petite-bourgeoisie intellectuelle dont les chercheurs font partie éprouve également à l'égard de la «force des faibles» qu'est la violence physique une répugnance qu'il faut bien appeler «de classe». Avec des nuances, on retrouve la même incompréhension envers cette violence populaire dans les discours «scientifiques» consacrés aux déprédations, agressions et autres «incivilités» commises par les adolescents. Les qualifications de «gratuites», «méchantes», «sans objet», «absurdes» accolées à ces actes reflètent une méconnaissance profonde du phénomène que l'on prétend analyser. La «violence gratuite» demeure le seul luxe que peuvent se payer des gens qui n'ont pour tout pouvoir à opposer à la domination économique, cuturelle ou symbolique que celui de la destruction physique.

C'est précisément parce qu'ils savent qu'il n'y a plus rien de sérieux à revendiquer et à négocier que les parias de la ville n'ont plus d'autre choix qu'exprimer la violence de leur rancœur pour elle-même. Quitte à s'en prendre à des «cibles» prises comme on dit «au hasard». Ainsi en viennent-ils souvent à voler par défi et non pour des raisons «alimentaires». Une dimension ludique qui échappe complètement au flair utilitariste d'«observateurs» professionnels qui, de ce fait, ne voient pas au-delà du bout de leur nez. Comprendront-ils un jour que, souvent, l'objet approprié compte moins que l'acte d'appropriation? De même, danser autour du feu de joie provoqué par l'incendie d'une voiture ne renvoie pas à on ne sait quelle «régression archaïque vers la primitivité», comme le supputent certains anthropologues urbains pour qui les «sauvages urbains» ne se distinguent guère de leurs homologues africains.Ou alors il faudrait reparler des voitures qui brûlaient en Mai 68 dans le Quartier latin. Il est vrai que la jeunesse estudiantine qui s'esbaudissait de la sorte n'appartenait pas aux couches populaires. Sans doute est-ce pourquoi le simulacre de révolution auquel se livraient les «enragés» d'alors apparaît rétrospectivement beaucoup moins inquiétant que la «rage» destructrice de jeunes galériens dont beaucoup rêvent de détruire le monde faute de pouvoir le changer.

S'ils s'en prennent aux bâtiments qui les entourent, à peine «réhabilités», flinguant les néons ou les ampoules, taguant les portes et les façades repeintes, saccageant les boîtes aux lettres et salopant les cages d'escalier chères à Michel Rocard, ce n'est pourtant pas vers ces bâtiments qu'est orientée leur haine. Persuadés que que rendre les cités plus avenantes contribuera à rendre leurs habitants plus aimables, les missionnaires de la réhabilitation architecturale ne voient pas que le vandalisme et les déprédations commises par les «voyous» ne visent pas spécifiquement leurs lieux de vie en tant que tels : ils sont dirigés indistinctement contre la société tout entière qui les fait vivre là, dans ces conditions-là. Car il en va pour les immeubles comme pour le mobilier urbain ou les voitures parquées aux alentours. Dans la mesure où la jeunesse paupérisée est environnée pour ne pas dire cernée par ce «cadre de vie», il est plus facile pour elle de se défouler en le prenant pour cible. Encore que, sur ce point aussi, la situation soit en train de changer... en pire. Comme le confiait un policier de Trappes : «Avant, ils en voulaient aux bagnoles et aux cabines téléphoniques. Maintenant, c'est à nous les flics qu'ils s'attaquent.»

Vouloir «faire des habitants des citoyens à part entière» n'est peut-être qu'une manière détournée de souhaiter que les barbares des «cités» se comportent en citadins civilisés. Peu importe qu'ils ne trouvent pas une véritable place dans la Cité. Que de la «citoyenneté», ils soient sommés de respecter les devoirs alors que les droits correspondants demeurent pour eux une réalité impalpable, carte d'identité et carte d'électeur mises à part pour les plus âgés, et après avoir prêté serment pour les jeunes d'origine étrangère. Mais que l'on ne s'étonne pas, dès lors, de l'émergence d'une société «incivile», baptisée ainsi par un politologue qui, en raison sans doute de sa longue fréquentation des sphères policières, ne discerne plus qu'«incivilité» là où il faudrait d'abord parler d'indocilité.

La police de la ville

Bien qu'ils se gardent de le crier sur les toits, les promoteurs de la «politique de la ville» doivent en convenir : la «violence urbaine» dont elle devait enrayer la montée est plus présente que jamais. Pire, elle gagne des agglomérations ou des quartiers réputés «calmes» jusque-là. À Tours, par exemple, au début de novembre 1996, où le sommeil des élus et des responsables du maintien de l'ordre avait été troublé par une «mystérieuse vague de violences» venue secouer la torpeur de quelques communes périphériques pendant dix nuits consécutives. Plus grave encore, selon les dires d'un policier d'une brigade anticriminalité de Seine-Saint-Denis, qui ne fait là que résumer un constat général, «en dix ans, les délinquants sont devenus de plus en plus jeunes, de plus en plus armés, de plus en plus méchants[11]». Mais il en faudrait plus, apparemment, pour inciter décideurs et chercheurs à s'attaquer aux causes profondes de cette détérioration.

À refuser obstinément de poser le problème de la «violence urbaine» comme une question politique, il arrive néanmoins ce qui devait arriver. L'involution de la politique dans la police, qui est au principe de la «politique de la ville», est en passe d'atteindre le stade ultime que celle-ci avait précisément pour fin d'éviter : le recours de plus en plus systématique à la «basse police», c'est-à-dire aux forces de l'ordre pour faire face aux désordres urbains.

«Le dispositif anti-été chaud va s'étendre à toutes les vacances scolaires», pouvait-on lire à la veille de l'été 1996[12]. Bien sûr, au travers de ce titre, on apprenait ce que l'on devinait déjà. À savoir que dans «opérations Ville-Vie-Vacances», c'est le mot «opérations» qui donne sens à cet intitulé festif. À l'instar du terme de «dispositif», il reflète bien la visée «sécuritaire» de ces initiatives de l'État «en faveur des jeunes défavorisés». En revanche, l'extension de ces ex-«opérations prévention-été» aux mois en «re» ou en «er» constituait indéniablement un pas supplémentaire en avant, au sens martial de l'expression, dans l'encadrement de la jeunesse désargentée. Selon toute vraisemblance, les responsables du maintien de l'ordre ne comptent plus sur la froidure hivernale ou la fraîcheur printanière pour faire baisser la température dans les cités. Or, ce qui s'applique à cette version «soft», voire ludique, du contrôle social semble valoir également désormais pour sa version résolument «hard» : la militarisation de la sécurité urbaine paraît appelée, elle aussi, à fonctionner de manière non-stop.

Inutile de revenir sur une hypothèse qui valut à son auteur, de la part de quelques flicologues, naïfs ou avertis selon les cas, l'accusation de paranoïa[13]. Quelques mois ont suffi pour qu'elle trouve sa pleine confirmation. Avec, d'une part, la prolongation puis la réactivation «aussi longtemps que nécessaire», selon le ministre de l'Intérieur, du plan Vigipirate et, d'autre part, le redéploiement programmé de la gendarmerie dans les zones périurbaines pour «faire face au développement de la délinquance juvénile» et «tenter de contrôler les agressions urbaines», on assiste bel et bien à une «militarisation rampante» du maintien de l'ordre dans les villes[14]. Ce n'est pas là un avis isolé, mais l'opinion de responsables syndicaux de la police, opinion jugée suffisamment fondée pour mériter une pleine page du *Monde*[15]. Or, seuls les ingénus ou les hypocrites seront surpris par cette évolution ou plutôt cette involution.

À partir du moment où l'idéologie sécuritaire constitue l'un des ingrédients obligés du consensus ambiant, rien ne s'oppose plus à ce que sa mise en œuvre soit poussée jusqu'à ses ultimes conséquences. À Nice, au début de l'année 1995, un maire en était à réclamer l'intervention de l'armée pour garantir le calme dans sa cité. En guise d'exercice, il proposait le déploiement de troupes à la frontière italienne toute proche, «une vraie passoire», selon lui, par laquelle transiteraient trafiquants, délinquants et autres fauteurs de troubles accusés d'exporter les miasmes de la violence urbaine transalpine. «Nice est une ville touristique, rappelait l'édile. Je ne veux pas qu'on vienne me casser le climat[16].» Comme si les rives, paraît-il tranquilles, de la Riviera française n'abritaient pas quelques foyers de contamination! Le quartier de l'Ariane à Nice, par exemple, où les règlements de compte entre des bandes de Gitans et de Maghrébins défrayent régulièrement la chronique.

Pareilles extrémités se situent bien, dira-t-on, dans la ligne d'une municipalité gangrenée par l'extrême droite. C'est là se rassurer à bon compte. Quand le maire centriste d'une paisible bourgade comme Moret-sur-Loing interdit par arrêté les rassemblements de jeunes sur quelques places entre 22 heures et 6 heures du matin par crainte qu'ils ne troublent l'ordre public en même temps que le repos des habitants[17], sans qu'une telle initiative ne suscite parmi l'élite médiatico-pensante autre chose que l'indifférence ou quelques commentaires ironiques, la porte est grande ouverte à l'imposition du couvre-feu au moins de dix-huit ou de seize ans dans le cadre de la «lutte contre la criminalité urbaine». Cela se pratique régulièrement dans certaines villes nord-américaines telles que Toledo, en Ohio, ou Washington, capitale fédérale qui est également de temps à autre celle du crime. Or, nul n'ignore que, depuis un certain temps déjà, les États-Unis sont redevenus un modèle en France. Mais la Grande-Bretagne pourrait, elle aussi, faire école : dès l'âge de dix ans, les jeunes délinquants condamnés à respecter un couvre-feu peuvent être contrôlés électroniquement grâce au port obligatoire d'un bracelet attaché à la cheville !

À Paris, en prévision de la rentrée de 1996, le préfet de police avait fait savoir que le plan Vigipirate allait être allégé pour les écoliers. Ces derniers seraient autorisés à «circuler à nouveau en groupe» dans le métro ou le RER[18]. La plupart ignoraient que cela était interdit ! Sauf ceux à qui leur couleur de peau ou leur mise relâchée avait valu des «contrôles d'identité» répétés au cours de l'été. Chacun subodore, même si beaucoup feignent de l'ignorer, que les «dérapages» qui ponctuent la «lutte antiterroriste» sont plus ou moins contrôlés. Celle-ci sert avant tout d'alibi à la traque des immigrés clandestins et à la dissuasion des petits délinquants. Éric Raoult avait d'ailleurs montré le bout de l'oreille au lendemain de quelques affrontements particulièrement âpres entre jeunes et forces de l'ordre dans une commune de l'Essonne — un policier avait été atteint d'un balle. Le déploiement spectaculaire d'hommes en armes dans les lieux publics et les ratissages effectuées dans certaines zones d'habitat populaire «passées au peigne fin»» ne suffisaient apparemment pas. Aussi le sous-ministre de la Ville avait-il réclamé la mise en place d'un plan «Vigicasseurs».

C'est maintenant chose presque faite avec la banalisation de la présence militaire, légionnaires compris, dans les gares et les stations de métro, l'appel aux appelés du contingent pour renforcer la sécurité dans les bus ou les écoles avant l'instauration d'un «service civique» visant le même objectif, et le plan d'action «Gendarmerie 2002», qui prévoit, entre autres, la mise sur pied de «brigades de prévention» et de «pelotons d'intervention» spécialement entraînés pour lutter contre les différentes formes de «violence urbaine».

Dans la capitale comme ailleurs, la «sécurisation» se fond ainsi peu à peu dans le paysage urbain. On peut même gager qu'elle fera bientôt partie de ce paysage, comme dans certains films où l'anticipation ne précède que de quelques années la réalité, à en juger par la quasi-absence de protestations que suscite ce quadrillage militaro-policier, y compris au sein de l'amicale des intellectuels protestataires. Aveugles ou complices? Peu importe. Il devient patent aujourd'hui que la guerre du Golfe puis les attentats terroristes ont servi de prétextes et d'accélérateurs, voire de bancs d'essai, en termes aussi bien de manœuvres sur le terrain que de manipulation de l'opinion publique.

Plutôt que de s'insurger contre cette dérive sécuritaire, certains chercheurs poussent résolument à la roue en opposant à cette «police d'ordre», contre-productive à les en croire, une «police de proximité» plus attentive aux demandes des citoyens. Quitte à faire en sorte que ces derniers deviennent partie prenante et agissante de ladite police. Pour contrer la généralisation des comportements «incivils», par exemple, un chercheur en sciences politiques déjà cité n'hésite pas à sommer les Français d'épauler la police et la justice, impuissantes face à ce fléau multiforme. À chacun de faire acte de citoyenneté en se convertissant en auxiliaire bénévole au lieu de s'en remettre frileusement — et illusoirement — à des autorités débordées. Dans le même esprit collaborationniste, on exaltera «l'habitant devenu une sorte de vigile de son quartier, expert de la quotidienneté urbaine, qui impose progressivement des règles et des normes à l'utilisation de l'espace et des territoires». À quand l'importation dans les zones résidentielles de l'Hexagone du modèle nord-américain du Blockwatchprogram? Sorte d'îlotage autogéré, ce programme de vigilance par quartier permet aux habitants de participer activement à la surveillance du voisinage : toute activité ou personne «suspecte» fait l'objet d'un rapport immédiat à l'officier de police affecté au secteur.

À faire prendre ainsi en charge par les citoyens une part des tâches d'ordre public dévolues à l'État, il est pour le moins douteux que l'on s'achemine vers une «société civile revivifiée». C'est plutôt une société civique qui se profile à l'horizon. Car comment dénommer autrement une société où, sous couvert de «citoyenneté active», chacun deviendrait l'agent bénévole et consciencieux des finalités étatiques? Les forces de l'ordre assermentées, les polices municipales, les vigiles, surveillants, gardiens et autres «agents de sécurité» ne suffisant plus, ne resterait-il donc plus, face à la menace insidieuse que les ilotes de l'intérieur font peser sur la Cité, qu'à convier les citadins honorables à jouer les îlotiers? En d'autres temps et en d'autres lieux, on a vu où pouvait mener cette manière pour le pouvoir exécutif de faire le plein de ses exécutants.

NOTES

1. Alain Brossat, *Les Fêtes sauvages de la démocratie*, Austral, 1996.
2. Pour plus de détails sur cette fonction rationalisatrice de la recherche urbaine, voir Jean-Pierre Garnier, «"Violence urbaine" et sciences sociales», *L'Homme et la Société*, n° 119, 1996/1.
3. Michel Amiot, *Contre l'État, les sociologues*, Éditions de l'ÉHESS, 1986.
4. Sur la collaboration entre chercheurs «de gauche» et décideurs «de droite» dans les années 70, nous renvoyons à notre opuscule : *Le Marxisme lénifiant*, Le Sycomore,1979.
5. Bernard Légé, «Réhabilitation et désenclavement symbolique», *Les Annales de la recherche urbaine*, n° 68-69, septembre-décembre 1995.
6. Philippe Genestier, «La banlieue au risque de la métropolisation», *Le Débat*, n° 80, mai-août 1994.
7. Alain Brossat, op. cit.
8. *Ibid.*
9. *Ibid.*

10. Patrick Bruneteaux, «Les institutions et les paumés : logiques de la surenchère», *Critiques sociales*, n° 5-6, janvier 1994.
11. *Libération*, 2 décembre 1996.
12. *Libération*, 16 mai 1996.
13. Voir le chapitre «Liberté, urbanité, sécurité» de notre ouvrage *Des barbares dans la cité.*
14. *Le Monde*, 17 janvier 1996.
15. *Le Monde*, 24 janvier 1996.
16. Florence Aubenas, «L'autre Nice», *Le Monde*, 6 janvier 1995.
17. *Le Monde*,19 septembre 1996.
18. *Libération*, 26 août 1996.

GLOBALITARISME ET BARBARIE

«Ce n'est pas en deux heures avec des mots qu'on réglera la question de la violence», déclarait un professeur de philosophie d'un lycée de Bordeaux, sceptique à l'égard de la séance d'exorcisme organisée le 20 septembre 1996 dans toutes les écoles de France. Choqué par le meurtre à coups de couteau d'un lycéen par un adolescent en pleine rue à Marseille, suivi, quelques jours plus tard, par la mort d'un collégien de Montereau, tué accidentellement par balle par un camarade à la sortie de classe, le ministre de l'Éducation nationale avait décidé de provoquer «un sursaut» dans l'opinion en décrétant une interruption de cours de deux heures pour débattre de la violence en milieu scolaire. «La solution à ces problèmes est la révolution, au sens de changement de la société, poursuivait l'enseignant non conforme cité plus haut. Là, on déplace le sujet en le moralisant, alors qu'il faudrait faire une analyse des problèmes politiques et économiques de la société qui engendre cette violence-là au-delà de l'intolérable. Mais cela déboucherait précisément sur une remise en cause de la société, qui ne ferait pas forcement plaisir à M. Bayrou[1].» Ni, d'une manière plus générale, à tous ceux qui sont payés ou qui paient pour éviter que l'on en arrive à une telle extrémité. Car il va de soi que prendre pour bouc émissaire le capitalo-parlementarisme relève du pire des extrémismes, aux yeux des chantres de l'«économie de marché» et de l'«État de droit».

Pourtant, l'un comme l'autre ont largement leur part de responsabilité dans l'essor de cette «violence au-delà de l'intolérable», bien que le lien avec «l'intolérable» d'une vie réduite pour beaucoup à la survie ne semble guère frapper l'imagination des penseurs diplômés. «Je voudrais que tout le monde se mobilise pour tenter d'arrêter les fabriques d'assassins, déclarait pour sa part le père du jeune lycéen de Marseille assassiné. Il ne faudrait pas que les jeunes vivent dans des conditions intolérables et soient laissés à l'abandon comme des fauves[2].» Or, qui les précipite chaque jour un peu plus dans le cul-de-sac de la précarisation, de la marginalisation et de la paupérisation, sinon ce capitalisme qui, pour se développer et se reproduire, a seulement besoin, à l'heure de la «globalisation», d'une fraction toujours plus réduite de la population, du moins dans les pays déjà «développés». Un capitalisme qui, n'en déplaise à tous ceux qui feignent de n'y voir qu'une Bête de l'Apocalypse fantasmée par quelques progressistes attardés, est plus réel que jamais avec ses conglomérats financiers, ses grandes firmes industrielles et autres «multinationales globales» à qui hommes d'État et dirigeants politiques n'osent plus rien refuser. Ne leur doit-on pas en grande partie cette fameuse et fumeuse «crise du travail» qui voue au désœuvrement les gens qu'il n'est plus rentable d'exploiter?

Mais qu'à cela ne tienne! Tandis que, dopées par les déréglementations et les dérégulations, les «fabriques d'assassins» tournent à plein régime, saccageant les vies de centaines de milliers d'individus que l'ordre totalitaire des choses et sa finalité, le profit, rendent «excédentaires», des doctes continuent, imperturbables, à imaginer mille et un subterfuges pour que ces bons à rien échappent à leur destinée criminelle en devenant de bons citadins. En vain ! Car il est illusoire de vouloir promouvoir simultanément l'absolutisme du marché et l'éclosion d'une «civilisation urbaine», comme si la Bourse pouvait indéfiniment prospérer sans que la Ville n'en pâtisse.

La démocratie introuvable

«Les mots ne vivent ni ne meurent comme les êtres. Leur sens se transforme selon les intentions et les intérêts de ceux qui les manipulent. Par une néfaste et étrange altération de leur sens, les mots peuvent signifier le contraire de ce qu'ils ont signifié primitivement. Il en est ainsi du mot socialisme.[3]» Mais que dire alors du mot démocratie?

«Il est entendu depuis longtemps que vous n'avez pas de démocratie tant que les gens ne contrôlent pas les décisions majeures. Et les décisions majeures, comme on l'a compris aussi depuis longtemps, sont fondamentalement des décisions d'investissement[4].» Par ailleurs si lucide, l'auteur de ces propos, le linguiste

Noam Chomsky connu pour ses positions «radicales» — au sens américain du terme —, se fait toutefois sur ce point quelques illusions. Ce qui est «entendu depuis longtemps», et pas seulement au royaume de la libre entreprise, c'est que la démocratie ne doit jamais faire obstacle au contrôle des décisions majeures par une minorité de gens que l'on qualifiait naguère de «capitalistes» ou de «bourgeois». En phase avec la réification d'un monde où la marchandise règne dorénavant sans partage, ils s'autodésignent eux-mêmes par ce à quoi ils ont fini par s'identifier : «les marchés». Comme le rappelait le financier George Soros, grand spéculateur devant l'Éternel, «les marchés permettent de mobiliser et d'affecter au mieux les investissements». Vouloir mettre un terme à leur liberté de décision et de manœuvre, c'est verser dans le dirigisme, l'étatisme, le collectivisme. Bref, revenir au «totalitarisme communiste» de funeste mémoire. On l'aura compris : la démocratie s'arrête là où commence le marché. Ce qui explique qu'elle ne soit jamais allée bien loin. Elle aurait même tendance à faire du surplace, voire à régresser depuis que le marché se taille la part du lion dans le gouvernement des nations.

«Choisir entre Clinton et Dole, c'est comme se prononcer entre Pepsi et Cola. Faut être raffiné pour goûter la différence!», ironisait le metteur en scène nord-américain Peter Sellars à la veille de la dernière élection présidentielle aux États-Unis[5]. De ce côté-ci de l'Atlantique, le souci omniprésent de ne pas déplaire aux marchés a également vidé la démocratie de tout enjeu sérieux. En Angleterre, les journalistes ont inventé un néologisme pour rendre compte de l'interchangeabilité absolue des programmes électoraux du travailliste Tony Blair et du conservateur John Major : le «blaijorism». Mais l'expérience récente de la «coalition de l'Olivier», en Italie, est à cet égard encore plus édifiante. Après les embardées de la période berlusconienne, le char de l'État est depuis peu conduit d'une main plus ferme par des notables chrétiens-démocrates «de gauche» et les hiérarques de l'ex-Parti communiste italien, recyclé en Parti de la gauche démocratique, tandis que les «irréductibles» de Rifundazione Comunista, un pied dedans un pied dehors, se contentent de jouer les mouches du coche. À l'issue de quelques mois de «gestion», la situation des travailleurs... et des chômeurs italiens est restée fondamentalement inchangée. Les seuls «progrès» constatés concernent la marche vers la monnaie unique, avec les «sacrifices» qu'elle implique. Il n'y a là rien qui doive surprendre.

C'est avec l'aval de la «communauté internationale», c'est-à-dire de l'Internationale du capital, que cette union de la gauche à la mode transalpine a pu accéder aux responsabilités gouvernementales. Les dirigeants des formations politiques concernées avaient effectué auparavant la tournée, devenue rituelle pour toute candidature «progressiste» au pouvoir dans les «démocraties occidentales», auprès des instances représentant les intérêts collectifs des nouveaux maîtres du monde (FMI, Banque mondiale, OMC...). Avec une mission : «rassurer les marchés». Un objectif qui devrait suffire à dissiper toute illusion sur l'éventualité d'une transformation effective des rapports sociaux en faveur des couches populaires. «Pour le marché, le résultat le plus confortable serait la victoire du centre gauche», notait à la veille des élections italiennes un connaisseur, analyste employé par l'établissement financier américain Merrill Lynch. Bill Clinton lui-même avait cru bon de faire savoir à l'avance qu'il ne se montrait «aucunement inquiet» à l'idée d'une victoire du rassemblement de centre gauche en Italie. «La Bourse et la lire s'envolent», titrait *Le Monde*, commentant l'euphorie qui s'était emparée des milieux d'affaires sitôt les résultats connus. Toutes ces réactions confirment ce que l'on savait déjà. À savoir que la fonction d'un gouvernement «de gauche» n'est pas d'ouvrir les hostilités contre les détenteurs du capital, mais de pactiser avec eux tout en maintenant la «paix sociale». Voilà pourquoi le choix de l'olivier pour emblème était apparu des plus judicieux : celui-ci symbolisait on ne peut mieux les intentions pacifiques de l'Alliance progressiste qui postulait la direction des affaires publiques en Italie.

En France, cet exemple fait saliver nombre de leaders et d'intellectuels de gauche qui se battent les flancs pour savoir comment remporter les élections prochaines. Ainsi la porte-parole des Verts, qui n'en sont plus à une palinodie près, Dominique Voynet, ne cesse de rêver tout haut à une «grande coalition à l'italienne» sur le modèle de celle de l'Olivier. Sans doute faudra-t-il, cependant, choisir un autre symbole.

Malgré l'hostilité conjuguée des écologistes, des chevènementistes du Mouvement des citoyens et de la direction du PCF à la constitution d'un «pôle de radicalité» à la gauche du PS et concurrent de ce dernier, tous doivent tenir compte du scepticisme du «peuple de gauche» dont ils escomptent les voix. Cela vaut d'ailleurs aussi pour les caciques du PS eux-mêmes, à en juger par la manière dont Lionel Jospin met en œuvre le «réalisme de gauche» qui inspirerait sa démarche. Celle-ci consiste à garder résolument le cap d'une «ligne réaliste» pour complaire aux gardiens du nouvel ordre mondial, tout en l'habillant d'un discours «plus marqué à gauche», comme on dit au *Monde*, pour éviter de prendre une nouvelle veste.

En dépit de leur «envie de croire au programme économique du PS», si l'on en croit certains sondages, la plupart des Français, selon d'autres sondages, pensent que l'arrivée au pouvoir d'un gouvernement de gauche ne changerait pas grand-chose à la situation calamiteuse où se trouve le pays. Autant dire qu'à la différence de son homologue italienne, la coalition de gauche hexagonale, PS compris, devra insuffler une tonalité quelque peu «protestataire», voire «populiste», comme disent les plumitifs de l'establishment médiatico-pensant, pour mobiliser leurs troupes ou plutôt le troupeau des votants. Échaudées... ou refroidies par l'expérience des «années Mitterrand», les ouailles électorales des quartiers populaires attendent, en effet, autre chose qu'un remake de l'«union de la gauche» et de son défunt «programme commun». Sous peine de voir une partie d'entre elles bouder les urnes ou suivre en masse le mauvais berger du Front national, il faudra bien leur servir un discours plus musclé et leur proposer des «alternatives» moins timides que les oraisons «responsables» et «raisonnables» dont la coalition de l'Olivier abreuvait les foules italiennes. En d'autres termes, il conviendra, tout au long de la campagne électorale, de bercer à nouveau «le peuple de gauche» de bonnes paroles offensives à souhait contre les puissants, quitte, une fois la victoire obtenue, à étouffer toute velléité de passer à l'acte. Une «coalition de l'Oreiller», en quelque sorte.

C'est donc peu dire que ces «alternances» sans véritable alternative vident peu à peu de sa consistance la «démocratie» au point de la rendre presque aussi irréelle que le «communisme» dont elle était censée être l'antidote. Cette capacité du big business mondialisé à poursuivre et à imposer sa politique au-delà des aléas de la vie politique nationale et à mettre en coupe réglée des pays où la souveraineté populaire est censée s'exercer justifie l'appréciation de Noam Chomsky selon lequel «les corporations sont aussi totalitaires que le bolchevisme et le fascisme[6]».

Sans doute trouvera-t-on outrées les prises de position de cet universitaire distingué qui passe pour un dissident auprès de ses amis, encore que ses ennemis, innombrables, jugent ce titre usurpé. Pourtant, elles semblent avoir trouvé quelque écho en France même, ces derniers temps, à en juger par certaines diatribes contre les «régimes globalitaires» ou les propos de gens qui n'ont pourtant pas la réputation de «rouges». Philippe Seguin ou Martine Aubry, par exemple, se répandent en mises en garde contre l'éventuelle montée d'un «capitalisme totalitaire» et la nécessité qui en découle de «rompre avec le libéralisme». Certes, dans l'Hexagone, ces audaces verbales s'expliquent avant tout par les échéances électorales et ne débouchent tout au plus que sur un énième plaidoyer en faveur de l'action modératrice et correctrice de l'État, c'est-à-dire d'un capitalisme tempéré. Pour Chomsky, en revanche, la conclusion va de soi : «exactement comme les autres formes de totalitarisme ont dû disparaître, les tyrannies privées doivent disparaître[7]». Laissons cependant à d'autres le plaisir de vaticiner sur les modalités de leur disparition et de leur remplacement, pour nous borner à souligner ce qu'implique leur maintien dans le domaine qui nous préoccupe, c'est-à-dire dans le champ urbain.

La guéguerre de classes

«Il y a trente ans, les conflits engendrés par les antagonismes de classes orientaient les luttes sociales.» Un préambule comme tant d'autres de la même farine où l'imparfait laisse présager la suite. Trottinant derrière leurs bons pasteurs tourainiens, les brebis de la sociologie alignée s'en vont bêlant qu'il s'agit là d'une période révolue puisque l'on est passé «de l'exploitation à l'exclusion». Comme si les nouvelles formes prises par l'exploitation n'étaient pour rien dans cette prétendue «exclusion» qu'est la transformation de millions d'individus en «surnuméraires».

Pour le moment, la plupart des laissés-pour-compte de la mondialisation et de la flexibilisation de l'économie se réfugient dans le repli sur soi et la passivité. «Ils sont inertes et se comportent en assistés», se plaît-on à déplorer dans les cercles où l'agitation dans les bureaux ou l'activisme «de terrain» passe pour de l'action. Mais beaucoup de jeunes paumés se montrent quelque peu remuants. Sous peine d'encourager la majorité à lui emboîter le pas, cette minorité agissante et grossissante de trublions doit être mise au pas. Il ne suffit pas de prévenir ou de réprimer leurs exactions. Il faut qu'elles soient aussi déconsidérées, c'est-à-dire criminalisées. Non que nous voulions signifier par là qu'elles ne sont pas délictueuses.

Pour être pleinement efficace, la «neutralisation» policière doit si possible aller de pair avec la neutralisation idéologique. On déniera donc tout caractère de critique sociale en acte aux actes délinquants. Selon les tenants d'un marxisme de la chaire qui, à vouloir à tout prix se démarquer du léninisme, a fini par devenir lénifiant, la lutte de classe menée par les dominés serait affaire de gens civilisés. Civilisés par le travail, en l'occurrence, fût-il aliéné et exploité. Et pour cette raison même, puisque c'est précisément dans le feu de la lutte contre l'exploitation et l'aliénation qu'ont surgi les valeurs, idéaux, projets, programmes et organisations de ce que l'on appelait le «mouvement ouvrier». Dès lors que seul le travail donnait un sens à l'existence et donc à la révolte qu'il pouvait susciter, il en découle que les violences auxquelles se livrent de nos jours ceux qui font les frais de sa raréfaction ne sauraient, de près ou de loin, être interprétées comme la manifestation d'une résurgence, sous des formes inédites et encore embryonnaires, de la lutte des classes. Autrement dit, il faut bien se rendre à l'évidence : la violence «incivile» des désœuvrés participe de la délinquance et non de la résistance.

C'est là faire bon marché — si l'on ose dire — de la responsabilité du capitalisme dans la «crise du travail». Bien sûr, si l'on en croit des prophètes diplômés qui se pavanent sur la scène médiatique et divers podiums scientifiques, la «civilisation du travail» toucherait à sa fin. Une perspective dont il y aurait tout lieu de se réjouir, à écouter ces idéologues à temps plein. Chose curieuse : le capital, quant à lui, paraît fort bien s'en tirer puisqu'il sortirait à la fois innocent et indemne de l'affaire. Et pour cause puisqu'il l'a menée de bout en bout!

«L'initiative n'est-elle pas plus que jamais de l'autre côté, du côté des employeurs? La conscience de classe n'a-t-elle pas changé de camp? La lutte des classes n'a-t-elle pas lieu d'abord à l'inititative des employeurs face à des salariés disposant de moyens de défense et de résistance de plus en plus restreints[8]?» À ces questions d'un sociologue français, qui, à vrai dire, recèlent déjà la réponse, le linguiste Noam Chomsky, toujours lui, répond sans détour par l'affirmative. On assiste aujourd'hui, selon lui, de la part des «riches», à une véritable «guerre de classe institutionnalisée destinée à écraser les pauvres toujours davantage[9]». À la différence de la lutte des classes (*class struggle*) qui met aux prises des adversaires qui se définissent comme tels dans la lutte et par la lutte, la «guerre de classe» (*class warfare*), telle qu'elle se déroule depuis le milieu des années 70, est le fait de la seule bourgeoisie.

Mettant à profit la disparition de l'adversaire «communiste» et du contrepoids qu'il représentait, ne serait-ce que virtuellement, dans la lutte qui opposait dominants et dominés à l'échelle planétaire, la classe dirigeante nord-américaine, imitée par son homologue anglaise puis par les autres classes dirigeantes des pays capitalistes avancés, en profita pour déclencher l'offensive néo-libérale que l'on sait. Malgré le feu roulant des artilleurs de la pensée unique pour noyer cette vérité derrière d'invraisemblables rideaux de fumée, il devient chaque jour plus évident que la bourgeoisie a mis à profit «crises» et «mutations» pour revenir sur plus de soixante ans de conquêtes sociales. À coups de restructurations et de rationalisations de l'appareil productif, c'est elle qui prend désormais les devants aux dépens d'un prolétariat réduit à la défensive. En d'autres termes, l'initiative est dans son camp.

Cette véritable guerre de classe contre les salariés, elle la mène en utilisant l'arme absolue du licenciement et du chômage pour les dissuader de se rebeller. L'État, dans ces conditions, orchestre la défaite des travailleurs. Sur le plan économique, il pousse l'avantage acquis sur le terrain par les employeurs au sein des entreprises par des mesures de «dérégulation» et de «déréglementation», des politiques de «rigueur» ou d'«austérité», tout en veillant malgré tout à ne pas dépasser le seuil au-delà duquel ce démantèlement systématique des droits conquis par les travailleurs pourrait provoquer des chocs en retour impossibles à «gérer». L'éventualité de tels chocs, cependant, ne saurait être écartée. Comme ceux qui, par exemple, viennent troubler l'ordinaire des «banlieues», voire, depuis quelque temps, des centres-villes et, parfois même, des «beaux quartiers».

À refuser tout caractère de classe aux réactions et aux ripostes des «exclus», on s'expose à de furieux retours de bâton. Et de «baston», comme a pu s'en apercevoir, par exemple, le maire de Corbeil-Essonnes, Serge Dassault. Tandis qu'il palabrait au conseil général, lors d'une soirée de mars 1996, en compagnie de quelques notables sur ses «projets» pour la cité des Tarterêts, aussi célèbre, dans la saga des «cités à risques», que le Val-Fourré ou les Bosquets, des adolescents «incontrôlés» vandalisaient les véhicules des élus ou de la police. À la sortie, l'adjoint chargé de la jeunesse et un photographe eurent même droit à une «conduite»[10]. À Colombes, ce fut au tour d'un adjoint communiste de subir, en novembre de la même année, les avanies des nouveaux barbares. Au retour d'une réunion dans une maison de quartier, il fut assailli par un quarteron de jeunes qui, après l'avoir molesté et avoir tenté de le voler, ont incendié sa voiture de fonction. Comme en de multiples cas semblables, les autorités appellent alors la population à «se mobiliser contre la violence», sans se rendre compte qu'il s'agit là d'une vaine parade — dans les deux sens du terme.

Elles feraient mieux d'écouter et surtout de tenir compte de ce que disent, non pas les flicologues et les socio-flics, mais les «intéressés» eux-mêmes. Tel ce rappeur black de Seine-Saint-Denis qui, invité à donner son avis sur l'«affaire» NTM, expliquait qu'il y avait mieux à faire que de «niquer» la police. «Les flics sont des ennemis, OK, mais ils sont en première ligne. C'est à ceux qui sont derrière qu'il faut s'attaquer, à Toubon et à tout le système.» Généralités? Suivait pourtant le mode d'emploi : «Dans les cités on crame des bagnoles au hasard, alors qu'on ferait mieux de cramer celle du maire ou celle du préfet.»

Personne n'a osé ni souhaité, parmi ceux qui jouissent de quelque pouvoir dans cette société, s'attaquer aux mécanismes socio-économiques dont la violence globale appelle inexorablement une contre-violence locale. Une contre-violence qui, en l'absence d'alternative véritable à ce qui l'engendre, ne manquera pas de s'accentuer jusqu'à plonger notre «civilisation urbaine» dans la barbarie. Une barbarie à visage urbain en quelque sorte, dont nous voyons jour après jour s'affirmer les traits.

«Violence scolaire» où l'on voit des cancres brandir des couteaux et maintenant des armes à feu pour racketter des élèves ou se venger des enseignants, des conseillers d'éducation ou des proviseurs; rixes et expéditions punitives de plus en plus sanglantes entre bandes; atteintes aux biens sans mobile politique apparent; agressions et crimes gratuits contre des quidams qui ont le tort de se trouver sur le chemin de gens condamnés à l'errance... Contrairement à d'autres périodes où le neuf pouvait émerger des soubresauts d'un ordre social moribond, ces ferments de décomposition n'annoncent rien de bon. Nul doute que cette barbarie tendra à s'accuser au fur et à mesure que le monde que l'on aura pour Cité, au dire de certains, continuera de se «globaliser».

Notés par les météorologues chargés de scruter le «climat social», le découragement, la résignation, le désarroi, l'anxiété des salariés ne transparaissent pas seulement au travers des sondages et des enquêtes d'opinion commandés ou commandités par les «responsables» rendus tout de même inquiets par l'accumulation des insatisfactions et des mécontentements. L'angoisse, le ressentiment et la désespérance se lisent aussi dans la consommation boulimique de tranquillisants et d'antidépresseurs. Elle se lit également dans la maltraitance des enfants dont la cartographie montre qu'elle coïncide plus ou moins avec celle des zones d'habitat paupérisées par la «crise», comme si des pères ou des mères désœuvrés et fauchés n'avaient plus d'autre ressource que de passer à la fois leur colère et le temps en passant leur progéniture à tabac. Elles se lisent encore sur les visages hystérisés des supporters sportifs lors de ces rencontres «à hauts risques» qui convertissent les stades en hauts lieux de l'innovation sécuritaire, car pour les perdants de l'histoire qui se consolent dans le foot et la bière, «gagner un match» par équipe locale ou nationale interposée demeure leur seul espoir de revanche à défaut de victoire. Ce sentiment d'impuissance souvent aigri et même hargneux d'un peuple vaincu se lit, enfin, dans le racisme et la xénophobie, dont il est devenu banal de dire qu'ils sont la réaction d'«immigrés de l'intérieur» hantés à l'idée de ressembler à ceux venus d'ailleurs.

Face à une classe dominante désormais mondialisée qui, forte de sa puissance, étale sans pudeur son arrogance, travailleurs et chômeurs ne font donc apparemment pas le poids. En règle générale, les seconds baissent la tête, tandis que les premiers baissent les bras. Affaiblis par la précarisation, divisés par la pulvérisation du salariat en situations «individualisées», dispersés au gré des fermetures d'établissements et des transferts d'activités, découragés par une vie politique devenue incolore à leurs yeux à force d'avoir vu les gouvernants réenfourcher le dada de «la seule politique possible», à quelques variantes près, quelle que soit leur couleur politique, ils se réfugient dans une attitude que l'on pourrait qualifier d'«attentiste» s'ils attendaient encore quelque chose. Or, là réside précisément le danger. Il ne vient pas d'eux, mais de leurs enfants.

Les nouvelles générations, elles non plus, n'attendent rien. Mais leur énergie ne s'est pas gaspillée dans une vie de labeur épuisante. Faute d'un emploi régulier, ils n'ont pas eu non plus le temps d'apprendre à obéir. Ignorés du «marché du travail» qui ne s'intéresse à eux que pour les soumettre à ses lois dans des conditions de plus en plus dégradantes, il n'ont même plus, à la différence des parents encore «insérés» vaille que vaille, de chaînes à perdre. Les jeunes des zones paupérisées découvrent de plus en plus tôt leur inutilité. Inutilité d'une jeunesse dont ils ne savent trop que faire depuis que les puissants de ce monde ne savent plus que faire d'eux. Aussi ont-ils tout simplement pris le parti de s'accommoder de cet état. En ignorant la Loi. Voilà pourquoi «l'affrontement des classes, qui avait tendance à remonter vers les sommets de la politique internationale», à l'époque de la guerre froide, «redescend aujourd'hui au niveau des cités et de leurs banlieues[11]».

Si la classe ouvrière a déclaré forfait, une partie de sa descendance, déclassée, a pris, d'une façon inédite et inattendue, le relais. À la «guerre de classe» menée à l'échelle planétaire par la bourgeoisie mondialisée, elle riposte pour le moment comme elle peut, physiquement et intellectuellement. C'est-à-dire par une «guéguerre» de classe locale faite de déprédations et d'«incivilités», de rapines, de trafics, d'agressions et d'attentats. Les cibles? Tout et n'importe quoi. Mais surtout ce et ceux qui, pour eux, représentent l'ordre : bagnoles, boutiques, mobilier urbain, écoles, commissariats, flics, journaleux, «éducateurs de merde», «zélulocos», «frombourjs»... La «violence urbaine», en langage docte.

Le nouvel ordre local

À défaut de «renouer les fils du tissu social déchiré», on peaufine le maillage répressif pour l'empêcher de se disloquer. Sans doute les transformations en cours du rôle de l'État en France ne sauraient-elles se résumer à une lente métamorphose de l'État-«providence» en État-policier. Le premier, certes, est devenu plus pingre par la force des choses et notamment par la volonté des «marchés». Mais il ne s'est pas, comme on l'a vu, effacé pour autant. Néanmoins, entre la bienveillance (lutte contre la pauvreté) et la surveillance (lutte contre les pauvres), les limites sont de plus en plus floues. On a pu le vérifier, par exemple, à propos des «dispositifs» d'insertion ou de certaines arguties à prétention scientifique sur la violence urbaine visant à fixer une frontière entre l'admissible et l'intolérable.

La création d'une section «Violence et délinquance urbaines» à la direction des Renseignements généraux sous le deuxième septennat mitterrandien s'inscrit dans ce contexte, de même que la mise sur pied, peu après, d'un Institut des hautes études de la sécurité intérieure. Inutile de revenir sur le caractère hautement symbolique du consensus dont a bénéficié l'engendrement de pareille institution, à l'instigation du ministre «socialiste» de l'Intérieur Pierre Joxe. On soulignera simplement un aspect qui, en d'autres temps, aurait pu faire obstacle à cet unanimisme répressif. Qu'il soit passé inaperçu auprès de la plupart des «observateurs» ou ait été volontairement ignoré d'eux est significatif de l'avachissement où a sombré la caste de ceux qui font profession de penser dans ce pays.

Bien que la France ne soit pas l'Amérique, comme on ne cesse de nous le répéter, et encore moins l'Amérique latine, l'intitulé choisi pour définir la nature des «études» poursuivies dans le cadre dudit institut aurait dû évoquer de mauvais souvenirs. Il est vrai que dans la France des droits-de-l'homme, la mémoire, comme l'indignation, s'est faite des plus sélectives. Toujours est-il que le «concept» de «sécurité intérieure» que nos flicologues se sont empressés d'avaliser a déjà beaucoup servi. Et de quelle manière! Il était mis en avant, jusqu'à il y a peu, pour définir la «mission» que l'administration Kennedy avait impartie, en 1962, aux forces armées de l'hémisphère sud. Pour en connaître la «philosophie», nous ferons une fois encore appel à Noam Chomsky. En peu de mots, il avait eu vite fait de dévoiler ce que recouvrait la notion de «sécurité intérieure» : «terme codé signifiant guerre contre la population en Amérique latine[12]». Une guerre souvent «sale», comme chacun sait, qui a permis aux officiers et aux policiers latinos entraînés par la CIA de gagner des galons. Au nom de «la lutte contre la subversion», elle a même valu à de célèbres tortionnaires d'être promus au rang de chefs d'État à part entière.

On criera bien sûr à l'amalgame. À la différence des manuels jadis utilisés à l'École des Amériques de Panama puis de Fort Benning, en

Géorgie, il n'est évidemment jamais question, dans les brochures de l'IHSI, de «bouclages» de quartiers populaires, d'«enlèvements» d'opposants, de «prise en otage» de leurs parents, et encore moins de «simulations d'exécution», d'«interrogatoires poussés» ou de «disparitions». Il faut dire que, jusqu'à présent, l'état de la France n'a rien à voir avec la situation souvent insurrectionnelle qui prévalait naguère dans l'arrière-cour de l'Oncle Sam. Ce qui, dans l'Hexagone, préoccupe les hauts fonctionnaires, les responsables policiers, les magistrats, les élus locaux, les chercheurs et autres têtes pensantes, avec ou sans képi, réunis de temps à autre à l'IHSI, ce sont tout au plus des «désordres urbains».

Dans les sphères dirigeantes, ces troubles qui affectent l'espace public suscitent quelques appréhensions. Certes, ils ne font pas trembler la société sur ses bases. Mais ils pourraient, à la longue, exercer sur elle un effet déstabilisant. D'une manière plus générale, ils témoignent d'un certain délitement et même d'un délitement certain du fameux «lien social», que l'on ne saurait laisser indéfiniment se poursuivre sous peine de voir la société en arriver à un stade de décomposition qui la rendrait ingouvernable. Si amalgame il y a, en réalité, c'est justement celui qu'autorise l'expression «sécurité intérieure». Cette notion fourre-tout est propice à toutes sortes de glissements d'ordre pratique et pas seulement sémantique, encore que ceux-ci soient souvent mis à contribution pour légitimer ceux-là. Dans le cadre du plan Vigipirate, par exemple. Celui-ci a donné lieu ou, plus exactement, fourni le prétexte à un véritable festival de «dérapages» dont on a rappelé qu'ils n'avaient rien d'incontrôlés.

À Marseille, pour protester contre l'embauche réduite de demandeurs d'emplois des quartiers nord par «Grand Littoral», un centre commercial géant qui venait d'être inauguré, un groupe de quatre jeunes avait entamé, en octobre 1996, une grève de la faim dans une église située au pied du nouvel hypermarché. Mal leur en prit ! Sur ordre du préfet délégué à la sécurité, la flicaille fit une entrée fracassante dans le saint lieu en défonçant les portes latérales à coups de bélier, tandis que des rambos du GIPN descendaient en rappel le long de la façade. «On se serait cru au milieu d'une opération antiterroriste», s'exclamera une jeune femme du comité de chômeurs de Gardanne. Elle ne croyait pas si bien dire.

À lire les cogitations de certains cercles d'études militaires sur la défense, en effet, la France devrait se préparer aux conflits dits «de quatrième génération». L'adversaire ne sera plus un État mais des «groupes armés extrémistes, voire des cartels de la drogue, des syndicats du crime, des révolutionnaires idéologiques, des religieux intégristes et bien d'autres[13]». Parmi ces «autres», figurent évidemment les émeutiers et autres fauteurs de troubles potentiels des «banlieues». Contre ce nouvel ennemi intérieur, il n'est jamais trop tôt pour se mettre sur le pied de guerre. Les acrobaties policières mentionnées plus haut faisaient justement partie de l'entraînement. Comme lors de la battue agreste menée dans les monts du Lyonnais par une équipe de pandores parachutistes pour liquider le «terroriste présumé» Khaled Kelkal, il s'agissait une fois encore, pour le groupe d'intervention de la police nationale, cette fois-là, de se faire la main en «terrain» et avec des «cibles» réels pour mieux pouvoir affronter l'ennemi virtuel : les rebelles sans cause de la Cité.

Sous couvert de veiller à la «sécurité intérieure», note un commentateur, «il ne s'agit plus de contrôler la criminalité nationale, mais de surveiller les frontières par des vérifications mobiles, de maîtriser les flux migratoires, source d'inquiétude chez certains hommes politiques, et de gérer les populations qui apparaissent hors normes (diasporas, étrangers de couleur *[sic]*, mais aussi jeunes issus de l'immigration, jeunes des banlieues, SDF...)[14]». Bref, on tend à mettre dans le même sac «sécuritaire» les intégristes islamistes, les trafiquants de drogues, les terroristes réels ou «présumés» (et ceux qui leur donnent asile, comme dans le cas des «complices» bretons des militants indépendantistes basques), les immigrés clandestins (et les imprudents qui les accueillent), les mendiants et vagabonds que la «flexibilisation» de l'économie a fait proliférer, et bien entendu la jeunesse des cités paupérisées. Tout cela fait beaucoup de suspects, et l'on comprend que le maillage destiné à les surveiller ne cesse de se renforcer — par la mise en réseau des multiples offices et officines spécialisés sur telle ou telle «population cible» —, et de s'étendre — par la collaboration, voire l'intégration des services concernés des différents pays.

S'il fallait donner un avant-goût de l'allure qu'aura le nouvel ordre local en gestation, peut-être est-ce à la fois du côté de Lyon et de Rio de Janeiro qu'il faudrait se tourner. Ce rapprochement qui peut sembler à première vue insolite nous est suggéré par le directeur de la Biennale de la danse de Lyon. «Même si nos quartiers ne sont pas des favelas, déclarait-il lors de la manifestation de 1996, on a essayé, à Lyon, de faire la même chose[15].» Pour ce faire, des troupes brésiliennes de samba et de capoiera avaient été invitées afin de mettre les amateurs de hip hop et de rap des «banlieues» lyonnaises à l'heure carioca. C'est ainsi que, sur le modèle du Carnaval de Rio, le «défilé des quartiers» permit aux «excentrés» de toujours de se réapproprier pendant quelques heures le centre de la bonne ville de Monsieur Raymond Barre. En tout bien tout honneur, cela va de soi, c'est-à-dire dans la bonne humeur de festivités sponsorisées par une kyrielle d'organismes publics ou parapublics et d'associations ayant pignon sur rue. «Le défilé vaut six mois de discours sur l'intégration», s'écriait, enthousiaste, le promoteur de l'opération. Et de se référer, sur le mode lyrique, aux écoles de samba de Rio, «lieux d'apprentissage de la vie au cœur de la pauvreté», et aux «projets» des chorégraphes brésiliens visant à «intégrer les enfants des rues».

Il oubliait toutefois que six mois ou même six ans de discours — et de mesures — en faveur de l'intégration n'ont nullement empêché la désintégration de se poursuivre en France. «Urbaine» ou non, la danse devant le buffet reste de rigueur — si l'on ose dire — pour des centaines d'enfants et d'adolescents de Vénissieux ou de Vaulx-en-Velin. Comme des dizaines de milliers d'autres issus de familles plongées dans le dénuement, incapables parfois de leur «offrir» la cantine scolaire, ils souffrent de carences nutritionnelles qui les font vivre dans un état permanent d'«insécurité alimentaire»[16]. Une insécurité qui n'inquiète guère les flicologues puisqu'elle ne trouble pas l'ordre public. Quant à prendre les favelas pour modèle d'insertion culturelle, cela revient à laisser dans l'ombre le côté plus crapoteux que jamais des bidonvilles de Rio, où il faut envoyer l'armée pour affronter les délinquants maîtres ordinaires des lieux, et où des policiers corrompus font des heures supplémentaires payées par les commerçants pour exterminer les «gamins» abandonnés.

Bien sûr, la réalité dans les métropoles françaises est moins «contrastée», comme disent les chercheurs, que dans leurs homologues brésiliennes. Mais, outre que lesdits contrastes, c'est-à-dire les inégalités, ont la même origine, la politique menée face aux troubles qui en résultent joue elle aussi sur les deux tableaux : d'un côté, les Programmes culturels de quartier pour «endiguer les violences urbaines», selon l'aveu même de leurs initiateurs; de l'autre, le plan Vigipirate et le plan «Gendarmerie 2002» pour «neutraliser» les violents. Bref, «civilisation urbaine» *et* barbarie.

Et vogue la galère!

On a remarqué la prédilection des commentateurs pour la métaphore de la chaleur lorsqu'il est question de la situation dans «les banlieues». Cette métaphore fournit le prétexte à de multiples variations. La «température monte» dans les «quartiers chauds» qui, malgré les «plans de refroidissement», ne sont jamais à l'abri des «embrasements». Désormais, les «coups de chaleur» peuvent survenir en dehors même des «été chauds». Certes, telle ou telle mesure prise dans le cadre de la politique de la ville permet de faire «baisser la fièvre», et les «pompiers de service» envoyés au charbon (élus locaux, animateurs, éducateurs, travailleurs sociaux, architectes, sociologues, juges, policiers...) ont réussi jusqu'ici à «éteindre les incendies» avant qu'ils ne se propagent. Mais une «déflagration» est toujours à craindre car, plus que jamais, «le feu couve dans les banlieues» toujours au bord de «l'éruption». Il suffit d'une «étincelle» pour que ces «poudrières» que sont les cités «explosent» pour de bon.

En revanche, ce n'est plus le feu mais l'eau qui prédomine quand il s'agit de replacer ce péril venu des cités périphériques «à la dérive» dans le cadre plus général de la désagrégation dont nos sociétés sont menacées. Pour évoquer la catastrophe possible qui les guette, une image marine ou plus exactement maritime a la faveur de la gent politico-médiatique. Une image à laquelle ne répugnent pas non plus de recourir des experts qui, pourtant, se targuent de ne pas céder aux «clichés» répandus par la télévision et la presse à sensation.

Si l'on ne cesse de nous rabâcher qu'il n'y a d'autre avenir pour les Français que «solidaire», c'est bien parce que nous sommes embarqués sur la même galère. Encore qu'à ne pas faire le distinguo entre les voyageurs huppés du pont supérieur, capitaines d'industrie et flibustiers de la finance entre autres, et les soutiers faméliques qui rament à fond de cale, le recours à cette image nautique a tout l'air d'une façon de nous mener en bateau. De toute évidence, le navire où nous sommes censés voguer comporte plusieurs classes de passagers. Aussi l'image du paquebot serait-elle plus appropriée.

En raison de l'exiguïté du territoire français, il n'existe pas d'hinterland où les nantis pourraient se réfugier si la situation venait à sérieusement se dégrader dans les agglomérations. Certes, les possibilités offertes par la mondialisation permettraient aux privilégiés de l'Hexagone, tous membres de la jet-set, de quitter le paquebot France en perdition pour gagner au plus vite un havre de paix plus ou moins lointain. En cas de sauve-qui-peut. Mais l'exil ne serait qu'une dernière issue. Mieux vaut, en attendant, tenir ferme la barre et veiller au grain.

En bonne logique, il faudrait tout d'abord jeter par-dessus bord les bouches inutiles. C'est d'ailleurs ce que l'on fait à doses homéopathiques en renvoyant par charters ou en reconduisant à la frontière les immigrés «clandestins» dont on ne sait plus que faire. Quant aux nationaux en surcharge — dans les cabines de luxe on parle de «sureffectifs» —, on les balance également à la mer, c'est-à-dire à la rue, mais en leur lançant quelques bouées de sauvetage pour «leur maintenir la tête hors de l'eau» : allocations chômage, RMI, «emplois de proximité», restaus du cœur, Samu social... Quitte à miser sur l'épuisement des «bénéficiaires», qui s'évertuent à surnager, pour abréger cette dispendieuse assistance à personne en danger. À condition que ces épaves ne poussent pas l'indécence, comme lors du dernier hiver, il est vrai particulièrement rigoureux, jusqu'à couler presque sous nos yeux.

Bateau ivre ou radeau de la Méduse, peu importe. Il semble que le tangage auquel le maelström des «mutations» d'un marché débridé soumet notre société n'ait pas épargné nos vigies intellectuelles. L'une d'elles, sociologue à la vue des plus perçantes si l'on en croit la rumeur, a été visiblement secouée par les embardées dues au mouvement de plus en plus tumultueux du capital. Au fil des pages d'un ouvrage consacré à analyser «l'onde de choc produite par l'effritement de la société salariale», les efforts de tous ceux qui se débattent au milieu des remous imprimés par la «globalisation» tendent à se métamorphoser en un combat titanesque des humains contre des éléments liquides déchaînés. Ainsi l'auteur évoquera-t-il «le désarroi croissant de tous les naufragés de la société salariale», «individus placés comme en situation de flottaison dans la structure sociale», «moins exclus que laissés-pour-compte, comme échoués sur la rive après que le courant des échanges productifs s'est détourné d'eux». Car il va de soi que ce courant ne saurait participer d'un ordre autre que naturel : comme la lune qui serait à l'origine du mouvement des marées, le mouvement du capital est pour sa part animé par des lois irréfragables, celles du marché. «On ne peut pas plus ignorer le marché que la physique ne peut ignorer la gravitation universelle.» Est-ce à dire qu'il n'y aurait plus d'autre choix que celui de se laisser ballotter par les vents et emporter par les flots? Non point!

Rompu à la nage entre deux eaux, notre navigateur compte, en bon adepte d'un capitalisme tempéré, sur la puissance publique pour empêcher les forces du marché de mener l'humanité à sa perte. «Personne ne peut remplacer l'État, dont c'est d'ailleurs la fonction principale, pour commander la manœuvre et éviter le naufrage.» Mais les managers de la finance et de l'industrie peuvent se rassurer. La mission de «l'État stratège» n'est pas de se substituer à eux aux postes de commande de l'économie mondialisée. Elle est tout au plus une mission de sauvetage : «rapatrier ceux qui ont basculé en deçà de la ligne de flottaison». Quitte à faire appel au concours de tous, membres de l'équipage et passagers, fussent-ils de première classe. «Quand le bateau fait eau, chacun est tenu d'écoper.» Cela vaut pour le smicard comme pour Claude Bébéar.

Tel un vaisseau fantôme, la nef des fous capitaliste est ainsi condamnée à errer sur les eaux glacées du calcul égoïste, comme le disait Marx, sans jamais faire escale. À l'image des flux déterritorialisés du marché transnational, sa course permanente ne requiert aucun port d'attache. L'objectif de ceux qui la guident n'est pas de faire arriver le navire à bon port mais de maintenir coûte que coûte le cap sur le profit. Au risque, tout de même, de sombrer. Car on a beau lâcher du lest (retrait — factice — du Plan Juppé) ou colmater les brèches (sauvetage du Crédit Lyonnais en France), le bateau donne de plus en plus de la bande. Saisies elles-mêmes d'un sentiment diffus et confus de course à l'abîme, les vigies s'époumonent en avertissements pour éviter «le double écueil du chaos et de la tyrannie». Sans voir qu'il n'en fait qu'un puisque l'ordre imposé par le marché se révèle de jour en jour plus totalitaire, et qu'il est par là même à l'origine des désordres à conjurer. Autant dire que la barbarie qui ne manquera pas d'en résulter empruntera à l'un et à l'autre : elle sera à la fois tyrannique et chaotique.

«Il est suicidaire d'être «contre le marché»», clame contre vents et marées le guetteur auquel nous faisions écho plus haut, qui ne se préoccupe guère, apparemment, de comptabiliser les centaines de chômeurs qui se sont réellement suicidés ou qui se laissent mourir à petit feu dans le désespoir et le renoncement. La hausse des suicides depuis 1991 — première cause de mortalité chez les 25-34 ans — n'est pas sans relation avec le climat délétère ambiant. Et l'on ne fera que mentionner les milliers de jeunes adonnés à la drogue et tentés par l'overdose pour oublier le monde où on les a fait naître. Ce qui semble suicidaire, en fin de compte, c'est de s'entêter à être «pour» le marché.

Aux sans-travail, comme à ceux qui craignent de le perdre ou qui s'y accrochent faute de mieux, on a demandé de faire un double travail de deuil. Sur l'emploi stable à plein temps, tout d'abord, qui, à défaut d'épanouissement pour tous, assurait au moins l'amélioration progressive de la position de chacun dans la société. Sur le «grand récit» de l'émancipation, ensuite, qui donnait sens à une situation momentanément défavorable en référence à un avenir meilleur, sinon parfait. Que ce deuil ait pris chez ses avocats l'allure d'un soupir de soulagement, voire d'un hymne à la joie se comprend fort bien : n'ayant pas à faire une croix sur ce qu'ils ont déjà obtenu — l'assurance de bien gagner leur vie toute leur vie durant —, ils ne voient pas l'intérêt de se projeter dans un futur autre que le présent où ils sont confortablement installés. Ils devraient pourtant se méfier. Car une société qui n'a plus d'idéal à se mettre sous la dent en arrive parfois à se dévorer elle-même. On appelle cela l'implosion.

Malgré le «prodigieux développement des forces productives», — comme disaient naguère les idéologues du PCF vautrés dans l'économisme —, bien au-delà de ce que pouvait imaginer Karl Marx il y a un siècle et demi, «l'indigence et la misère», dont celui-ci craignait qu'elles se généralisent faute d'un tel développement, tendent aujourd'hui à se répandre dans les pays qui y avaient échappé[17]. Au cœur même des «villes globales», fussent-elles les plus prospères, on voit «la lutte pour la nécessité» renaître. Sans-le-sous, sans-abri, crève-la-faim, mendiants et vagabonds ont fait leur réapparition, même si tout est mis en œuvre pour les rendre invisibles. Quant aux rebelles dont le nombre et l'audace s'accroissent, portés à lever le poing plutôt qu'à tendre la main, on en est réduit à «redéployer» pour contrer leurs menées des troupes préalablement «professionnalisées», en prévision d'affrontements en comparaison desquels les «rodéos» et les parties de gendarmes contre les voleurs entre les jeunes et la police des années 80 apparaîtront rétrospectivement comme des jeux d'enfants. Le jour n'est peut-être pas si éloigné où l'on verra «apparaître les blindés légers dans les banlieues lorsqu'il s'agira de juguler les troubles à l'ordre public[18]».

Tout en s'échinant à relativiser le péril que représentent ces nouveaux barbares, on s'accorde néanmoins à admettre, parmi les puissants et leurs servants, que, pour être majoritairement cantonnés dans des zones périphériques, ils ne s'en trouvent pas moins au centre d'un processus de «dé-liaison». Ils en sont même les fruits les plus avancés, dans le sens où l'on parle de l'état de décomposition avancé du «corps social». En résumé, on assiste bel et bien au «retour de toute la vieille merde», pour reprendre une expression de Marx[19].

Elle choquera sans nul doute nos penseurs gourmés qui, impavides, préfèrent gloser sur «l'éclosion de la civilisation urbaine du troisième millénaire» ou sur «l'urbanisation du monde» annonciatrice d'«un progrès considérable dans son humanisation». Sans voir que «toute la vieille merde» de la barbarie capitaliste, fût-elle new-look parce que high-tech et «globalisée», dégouline de plus belle au beau milieu de la Cité. La bouse et la ville, en quelque sorte !

NOTES

1. *Libération*, 19 septembre 1996.
2. *Le Monde*, 13 septembre 1996
3. Maximilien Rubel, *Marx critique du marxisme*, Payot, 1974.
4. Noam Chomsky, *Class Warfare*, Common Courage Press, Monroe, 1996.
5. *Télérama*, 30 octobre 1996.
6. Noam Chomsky, *op. cit.*
7. *Ibid.*
8. Jean-Pierre Durand, «Entreprises : mais comment peut-on parler encore de lutte des classes?», *L'Homme et la Société*, n° 117-118, 1995.
9. Noam Chomsky, *op. cit.*
10. *Libération,* 28 mars 1996.
11. Jacques Julliard, «Les deux violences», *Le Nouvel Observateur*, 21-27 octobre 1996.
12. Noam Chomsky, conférence au MIT, le 13 mars 1995.
13. Bernard de Bressy, «La France face aux "guerres de quatrième génération"», *Le Monde*, 25 mai 1996.
14. Didier Bigo, «L'archipel des polices», *Le Monde diplomatique*, octobre 1996.

15. *Le Monde*, 18 septembre 1996.
16. *Le Monde*, 14 décembre 1996.
17. Karl Marx, *L'Idéologie allemande.*
18. Communiqué de la Fédération autonome des syndicats de police, *Le Monde*, 21 janvier 1997.
19. Karl Marx, *op. cit.*

FLORILÈGE BIBLIOGRAPHIQUE

Les lecteurs trouveront dans la liste ci-dessous les sources où ont été puisées les plus éloquentes des citations qui émaillent notre ouvrage.

Robert Castel, *Les Métamorphoses de la question sociale*, Fayard, 1995.

Roland Castro, *Civilisation urbaine ou barbarie*, Plon, 1994.

Citoyenneté et Urbanité, ouvrage collectif, Éditions Esprit, 1991.

Jacques Donzelot, Philippe Estèbe, *L'État animateur*, Éditions Esprit, 1994.

Jacques Lévy, *Le Monde pour Cité*, Hachette, 1996.

Thierry Paquot (sous la direction de), *Le Monde des villes*, Éditions Complexe, 1996.

«Politiques de la ville. Recherches de terrain», *Les Annales de la recherche urbaine*, n° 68-69, septembre-décembre 1995.

Henri Rey, *La Peur des banlieues*, Presses de Sciences-Po, 1996.

Sébastien Roché, *La Société incivile*, Le Seuil, 1996.

André Sauvage, *Les Habitants, de nouveaux acteurs*, L'Harmattan, 1992.

Hervé Vieillard-Baron, *Banlieue, ghetto impossible?*, L'Aube (poche), 1996.

Ville, exclusion, citoyenneté, ouvrage collectif, Éditions Esprit, 1993.

«Villes, sciences sociales, professions», *Espaces et Sociétés*, n° 84-85, 1996.

TABLE

Collection « Les Pieds dans le plat»
dirigée par Louis Janover

Paru
Nuit et Brouillard du révisionnisme
par Louis Janover

A paraître
Guerre et paix nucléaires
par Maximilien Rubel

Cela s'appelle le sport !
par Jean-Marie Brohm

L'Europe fantôme
par Jean-Paul Dessertine

L'Écrivain devant la révolution
par Benjamin Fondane

Impression et façonnage par

IMPRIMERIE
FRANCE QUERCY
CAHORS

N° d'impression : 70311 FF - Dépôt légal : février 1997